John KASHILA Tshanda

La création vue en la personne de Jésus-Christ

John KASHILA Tshanda

La création vue en la personne de Jésus-Christ

Le code d'accès aux secrets de localisation d'Éden, ses quatre fleuves et la chronologie biblique

Éditions Croix du Salut

Imprint
Any brand names and product names mentioned in this book are subject to trademark, brand or patent protection and are trademarks or registered trademarks of their respective holders. The use of brand names, product names, common names, trade names, product descriptions etc. even without a particular marking in this work is in no way to be construed to mean that such names may be regarded as unrestricted in respect of trademark and brand protection legislation and could thus be used by anyone.

Cover image: www.ingimage.com

Publisher:
Éditions Croix du Salut
is a trademark of
Dodo Books Indian Ocean Ltd. and OmniScriptum S.R.L publishing group

120 High Road, East Finchley, London, N2 9ED, United Kingdom
Str. Armeneasca 28/1, office 1, Chisinau MD-2012, Republic of Moldova, Europe
Printed at: see last page
ISBN: 978-620-3-84597-6

La création vue en la personne de Jésus-Christ :

Le code d'accès aux secrets de localisation d'Éden, ses quatre fleuves et la chronologie biblique.

John KASHILA Tshanda +243818833916,
+243977652957;johnkashila3@gmail.com1
22/03/2023

Table des matières

REMERCIEMNTS

Mes pensées vont à Jean-Jacques SCHILTZ, mon cousin germain décédé en 2020, profonde et affectueuse reconnaissance pour avoir cru en moi dès les premières heures de cette aventure.

Ma gratitude s'adresse à mère Jeannette MBOMBU KASHILA pour tout ; ainsi qu'à toute ma famille. Et au Révérend pasteur Mab's N'KUMU BOLBILO pour son encadrement au début de ma marche avec le Seigneur.

Mes remerciements vont aussi en égale mesure à Etienne TSHIMANGA WA MULUMBA et à Guy N'KUMU pour leurs soutiens matériels ; ainsi qu'au Doctorant LUHALABA Clovis pour son assistance technique ; au médecin Dr. UKHI ROWTH et Rollin LUZOLO MAKANDA. Merci au pasteur AIDINI ILUNGA Alexandre pour m'avoir mis en contact avec Madame Valérie PETREANU des Éditions Universitaires Européennes à qui je suis reconnaissant pour ses services.

INTRODUCTION

L'idée de cet ouvrage m'est venue d'une expérience spirituelle qui a bouleversé ma conception du récit de la création ; phénomène vécu le matin du lundi 20 mars 2007 à 7 heure. Ce fut le dernier jour d'une retraite de trois jours de prière. Accompagné d'un frère d'une chorale où nous avions évolués depuis notre adolescence. Il sortait le matin pour s'occuper de ses affaires et me rejoignait le soir. Seul ce jour-là, assis sur une natte, dos contre le mur de la chambre où je me trouvais, visage tourné en direction où le soleil se lève. De mon côté droit, j'ai pris ma vieille Bible pour lire un livre du Nouveau Testament ; c'est l'idée qui traversa mon esprit en ce moment- là. Puis, il y eu un vide, car je ne me souviens plus de ce qui s'était passé quand j'avais pris ma Bible pour la lecture matinale, car j'étais plongé pendant quelques secondes dans un état d'endormissement. C'est pendant ce laps de temps que se formait dans mon esprit l'idée de ce livre. La chose que je retiens, ce que je regardais une sorte de mon film projeté sous mes yeux. À l'instar de ma Bible que j'avais entre mes mains, je voyais d'autres écrits situés à une profondeur quasiment infinie. Ce qui est particulier avec ces écrits ce qu'ils étaient foncièrement différents de ceux de ma Bible et en même temps je les voyais écrits dans ma Bible mais quand je les regardais avec attention, ils étaient diamétralement opposés mais s'accordaient parfaitement que par ce que j'entendais venant d'une voix qui me les expliquait et me disait, je cite : « c'est le dessein de la condamnation, la crucifixion, l'ensevelissent et la résurrection de Jésus-Christ ». C'est ici que pris fin la vision de mon regard jeté dans le monde des mystères de la Parole de Dieu. Ah ! Ce fut un grand cri d'étonnement que j'ai poussé à cause du paradoxe caché que j'avais vu de mes yeux et entendu de mes oreilles.

Revenu dans mon état normal, entre mes mains, j'ai vu ma Bible ouverte au premier chapitre du livre de la Genèse tandis que je ne l'avais pas encore ouvert lorsque j'ai eu la pensée de la lire. En outre, c'est un chapitre que je n'aimais pas lire en tout cas, car je ne voyais pas son importance dans ma foi en Jésus- Christ avant ce phénomène de quelques secondes qui changea mon regard sur ce chapitre.

Bouleversé par cette réalité, je cherchais à comprendre le pourquoi de cet écart que je venais de voir qui existe entre les textes de Genèse 1 et 2 et ce qui l'en est vraiment au regard de ce que je venais de découvrir qui atteste l'Écriture. Cette question a hanté mon esprit au point d'examiner l'Écriture en rapport avec le récit de la création jusqu'à vingt heures par jour. C'était le début de quinze longues années de solitude et d'étude de la Parole de Dieu pour essayer de proposer une interprétation qui manque aux deux approches, littérale et symbolique de l'histoire de la création de Genèse 1 et 2. Nous nous sommes demandés comme le romancier Nicolas Bouvier : « comment espérer faire voir ce qu'on a vu ? ». Ce fut un travail excitant jusqu'à oublier quelquefois de manger et de dormir ; un effort qui commence par montrer au chapitre I comment la pensée des écrits de l'Ancien Testament se conserve dans ceux du Nouveau Testament. Sans me fatiguer, j'étais ivre d'audace d'essayer d'expliquer des énigmes dépassant mon niveau du savoir, considérant le débat qui existe entre théologiens dans laquelle discussion nous ne voudrions pas prendre part. Mais une observation est que ce débat entre eux ne tourne beaucoup plus qu'autour des problèmes que pose la structure littéraire des textes de la création que sur la pensée de leur auteur nettement perceptible qui se trouve à la même surface de son œuvre difficile à saisir sans être aidé par la main de Dieu. Assisté par la grâce du Seigneur, nous avons l'honneur de répondre à leurs questions dans ce livre quand certains se demandent : Est-il un début de l'écoulement du temps dans le processus de la création ou quelque chose d'autre que nous ignorons sur le commencement ? Le chapitre I est un fondement de notre façon d'expliquer de Genèse 1 et 2, qui s'appuie sur la signification que nous avons observée des écrits de l'Ancien Testament par rapport à ceux de l'Ancien Testament. Ce chapitre propose des réponses à la question précédente en ouvrant la voie à un raisonnement qui est propre à cet ouvrage. Elle consiste à un effort de montrer la pensée cachée de l'auteur du récit de la création que nous comprenons être expliquée en termes peu clairs dans les écrits du Nouveau Testament ; démonstration qui continue jusqu'au chapitre III et chapitre V.

Ce qui paraît flou dans les deux tableaux de la création de Genèse 1 et 2, sont par contre pour nous des idées claires et parfaitement expliquées de la pensée de celui qui les a écrits, mais impénétrables aux yeux de certains pour n'avoir pas découvert la clef de son explication, parce qu'ils sont composés suivant un style littéraire particulièrement difficile à détecter et convient à la nature même de la Parole de Dieu formée du connu et de l'inconnu à la fois. Manquant des ouvrages en rapport avec la manière dont nous comprenons la création, proposons une relecture de Genèse 6 et 9 comme documents pouvant contribuer à faire voir par un raisonnement assez rigoureux le mystérieux style littéraire de Genèse 1 et 2. Malgré la révélation reçue de l'Esprit de Dieu, la première difficulté que nous devrions enjambée dans les explications du récit de la création, était celle de faire voir par l'Écriture le style littéraire de son auteur, et c'est l'un de trois problèmes liés à ce récit. La perception du message principal du récit de la création est-elle liée à son style littéraire ? Nous essayons de répondre à cette question par une explication relativement longue sur les deux aspects de la Parole de Dieu au chapitre II pour faciliter la compréhension de l'idée nouvelle apportée dans ce travail et pour montrer le caractère exotérique de Genèse 1 et 2 comme tous les écrits de la Bible suivent le même style littéraire et révélateur de la pensée du récit de la création. Ce style est la façon dont le compositeur de Genèse 1 et 2 revient sans cesse sur les mêmes pensées en coulant étape par étape ses idées depuis le début de son raisonnement, moyen utilisé pour faire connaitre de façon secrète son message.

La deuxième et dernière difficulté que nous a posé le récit de la création auquel nous tentons de proposer des réponses, est celui d'y ressortir la personne de Jésus-Christ que nous affirmons être au centre de Genèse 1.

Voir le récit de la création sous cet angle, c'est rester en accord avec le compositeur de l'épitre aux Hébreux quand il dit : « C'est par la foi que nous reconnaissons que le monde a été formé par la Parole de Dieu, en sorte que ce qu'on voit n'a pas été fait de chose visibles ». Mais lecture littérale d'un monde crée à partir de l'eau comme une matière palpable qu'on trouve en abondance dans la nature, comme nous le présente Genèse 1 se heurte à la Parole précédemment citée de Hébreux 11 :3. En réalité il n'y a aucune contradiction entre ces deux chapitres de la Bible, elle apparait plutôt que quand on s'efforce à faire dire au texte de Genèse 1 ce qu'il ne veut pas dire au regard d'autres Paroles de l'Écriture. C'est sans tergiverser que l'auteur de l'épitre aux Hébreux animé par le même Esprit qui a inspiré le compositeur du chapitre 1 du livre Genèse, nous conseille de le comprendre autrement.
Nous avons trouvé, au chapitre III que si on peut dire ce que sont les eaux du commencement desquelles l'univers provient comme on le voit dans les 5 versets de Genèse 1, de 6 à 10 ; on découvrirait la clé de l'énigme de Genèse 1 et 2 et du coup l'apparente contradiction des affirmations du récit de la création avec celles de l'épitre aux Hébreux à laquelle on ne fait pas ; cette apparente objection s'effacerait d'elle-même qu'en Jésus- Christ. C'est- à- dire la Parole de Dieu dans son état spirituel qui est un ensemble de nombres ordonnés qui peut traduire la pensée de sept jours de la création du monde qui représente Jésus, le thème de ce récit. Un exercice complexe auquel nous nous sommes engagés exigeant un savoir ne venant pas des hommes. Une relecture de Genèse1 s'impose pour pouvoir y arriver. L'auteur de ce chapitre de la Bible précise sa pensée d'un monde tiré des

eaux par l'ordre des trois verbes qu'il emploie : dire, faire et appeler. Le premier répété deux fois au v.6 et 9 ; le second, une fois au v.7 ; enfin le troisième, deux fois au v.8 et 10. La structure de cette portion de Genèse 1 indique clairement la prédominance de l'idée de l'ordre qui règne dans la Parole de Dieu par la fréquence élevée de l'emploie des verbes dire et appeler sur celle de la création du l'univers dans son sens propre dans le verbe créer que l'auteur de Genèse 1 relègue au second plan. C'est pourquoi il est dit : « Au commencement, Dieu créa les cieux et la terre ». Cela pour montrer que la Parole, dite le « commencement » des choses est une puissance qui est multiple ou deux en elle-même appelés : « les cieux et la terre ». On peut comprendre que Genèse 1 :1 n'est en fait qu'une manière brève d'affirmer pour la seconde fois la pensée largement étendue aux v.6 à 10 sur l'organisation des éléments qui composent de la Parole, notion que les juifs comprennent comme une chose que l'auteur de Genèse 1 symbolise par l'univers. Ceci veut dire, l'auteur du récit utilise les éléments de la nature pour révéler l'ordre qui règne dans les choses qui composent la Parole de Dieu, notamment : les eaux, le ciel, la terre. Genèse 1 : 1 laisse comprendre que la Parole de Dieu, de façon figurée appelée le « commencement », est une notion de l'ordre de deux choses opposées et complémentaires qui la composent désignées par « les cieux et la terre ». Car si les eaux du début d'où est vient l'univers selon l'Écriture ne peuvent être comprises comme la matière organique, par conséquent, le ciel, la terre et tout ce qui en découle ne pourraient être vus au sens propre de leurs appellations. Le récit de la création présente plutôt l'ordre des choses qui règne dans la Parole de Dieu ; et l'univers étant son expression visible qui renseigne sur l'ordre en question expliqué en 31 versets de Genèse 1. Quiconque veut renverser cet ordre des choses dans la pensée du compositeur de Genèse 1, ne peut qu'entrer en contradiction avec Hébreux 11 :3, car l'évangéliste Jean atteste lui aussi ce rapport fixée des éléments qui constituent la Parole de Dieu dans ce récit en concevant le concept « commencement » comme étant la Parole de Dieu et non l'instant inconnu du processus de la création de l'univers proprement parlé.

La terre qualifiée d'informe et vide au v.2 et « des ténèbres à la surface de l'abîme », est une façon de parler de la nature insaisissable de la Parole de Dieu, ne possède pas dans son expression de forme déterminée et qu'elle peut dans la nature, prendre n'importe quel aspect visible ou invisible. Semblable aux eaux qu'on a difficile à saisir à cause de son manque de forme ; raison pour laquelle l'auteur de Genèse 1 dit : « l'Esprit de Dieu se mouvait au- dessus des eaux ». Il compare aussi la Parole à la terre et aux eaux, que l'on voit être, le premier élément de l'action séparatrice entre la lumière et les ténèbres au v.3 et 4 comme au v.6 à

10. Ce qui permet de comprendre que le récit de la création met sous les projecteurs la Parole de Dieu, qui est une constance susceptible de porter n'importe quel aspect visible, n'ayant pas de forme précise, qu'elle est figurée ici par les eaux. La Parole de Dieu que l'auteur de Genèse 1 présente comme support de la création de Dieu ; c'est celle dont nous parlons dans ce livre sous sa forme spirituelle avant qu'elle ne soit révélée au monde en secret par le terme : les « eaux » et qu'elle ne devint chair et né en l'an 7 à Bethléhem. À cette condition seulement que l'on peut réussir à accorder l'explication de Genèse 1 et 2 sur l'ensemble de la révélation biblique pour enfin retrouver la sagesse de Dieu dont parle Salomon, qui est sans doute Jésus- Christ, qui est cet homme spirituel formé le 6ème jour que l'apôtre Paul appelle : la sagesse (Corinthiens 1 : 30). Ce qui est spirituel ne peut être bien représenté de manière intelligible que par des nombres, seuls moyens par lesquels la sagesse de Dieu retrouve sa forme originale ; qui est le thème principal voilé dans le récit de la création de Genèse 1 et 2. Le « commencement » de Genèse 1 : 1, c'est en fait la Parole dans sa forme spirituelle qui précède la matière créée, c'est-à-dire dans sa forme numérique ; Salomon le dit en ses termes : « établie depuis l'éternité, Dès le commencement, avant l'origine de la terre » (Proverbes 8 :23). Le commencement est donc la Parole de Dieu sous sa forme originelle et spirituelle que nous révélons.

C'est à cette condition seulement que nous sommes parvenus à accorder notre explication de Genèse 1 et 2 sur l'ensemble de la révélation biblique afin de retrouver la sagesse de Dieu dont parle Salomon, qui est sans doute Jésus- Christ, cet homme spirituel formé le 6ème jour que l'apôtre Paul appelle : la sagesse (Corinthiens 1 : 30). Ce qui est spirituel ne peut être bien représenté de manière intelligible que par des nombres, seuls moyens par lesquels la sagesse de Dieu retrouve sa forme originale ; qui est le thème principal voilé dans récit de la création de Genèse 1 et 2. Le « commencement » de Genèse 1 : 1, c'est en fait la sagesse (la Parole dans sa forme spirituelle qui précède la matière créée, c'est-à-dire dans sa forme numérique), Salomon le dit en ses termes : « établie depuis l'éternité, Dès le commencement, avant l'origine de la terre » (Genèse 8 :23). C'est ce que nous montrons dans ce travail. On sait d'après Genèse 1 que les eaux sont l'origine d'où est partit toute la création ; et que le sens spirituel que nous attribuons à ces eaux se justifie quand le sage Salomon le dit secrètement et situe la sagesse de Dieu « avant l'origine de la terre ». Et c'est sur la sagesse de Dieu (le sens spirituel des eaux du commencement) dans sa version originale et spirituelle écrite en nombres que s'est appuyé le compositeur de Genèse 1 et 2 pour écrire son récit de la création. Le rapprochement de l'aspect secret de la

Parole que nous révélons et sa forme écrite dans la Bible, permet d'élucider la question de quatre fleuves d'Éden, vus tels les cinq chiffres qui composent la surface des terres de l'actuel pays d'Israël compris les territoires qu'on appelle généralement : « territoires occupés ». Cette question est traitée au chapitre IV où la correspondance de deux aspects de la Parole est clairement mise en évidence avec plus d'arguments étayant notre affirmation du caractère double de la Parole Dieu.

La troisième difficulté que nous devrions franchir pour essayer de rendre clair notre système d'interprétation de Genèse 1, était celle de montrer que l'idée de l'annonce de l'apparition de Jésus (qui devint chair en l'an 7 de notre ère), étant la Parole de Dieu dans état originel, a été aussi soutenue dans l'évangile de Jean et par l'apôtre Pierre en son temps dans son deuxième épitre 3 : 1-5. Plus d'explications de cette vérité au chapitre V.

Composée premièrement de l'inconnu et du connu mêlés, la Parole de Dieu dans sa forme chiffrée qui est cachée ou le code d'accès aux secrets de Dieu aide également à tracer avec précision, la chronologie des événements de la promesse faite à Abraham dans Genèse 15 abordée au chapitre VI. Le problème qui est le nôtre, est celui de montrer que le récit de la création tourne uniquement que sur la personne de Jésus, le Messie, qui est la Parole, de qui l'Écriture parle, ce que nous faisons dans ce travail.

Le désir d'écrire ce livre a été ressenti également en réponse à une autre vision datée du lundi 18 décembre 2006 à 7 heures pile quand une voix parla doucement à mes oreilles à trois reprises : « Psaumes 102 : 6 », nous citons : « Mes gémissements sont tels que mes os s'attachent à ma chair ». Plusieurs années après j'ai compris le message de Dieu qui m'a été révélé dans cette Parole. Jésus tient décidément à ce que l'Église dans sa lecture de la Parole, voie Jésus sur toutes lignes. Et que la personne de son Être spirituel, c'est- à- dire le côté caché de l'Écriture doit dominer sur sa chair, sa Parole écrite qui est son corps ou la forme affaiblie de la force de son intelligence. C'est pourquoi Jésus dit dans Jean 6 : 63 : « C'est l'Esprit qui donne la vie ; l'homme n'aboutit à rien par lui- même. Les Paroles que je vous ai dites sont Esprit et vie ». (La Bible Du Semeur). Ici, l'Esprit, c'est la Parole de Dieu ne portant pas encore les traits de la nature humaine comme l'a porté Jésus devenu être humain limité dans l'espace et le temps ; cette Parole s'exprime sous son état défaillant dans l'Écriture. L'auteur de l'épitre aux Hébreux parle du caractère double de la Parole en se référant à l'Ancienne Alliance qui devait être remplacée par la Nouvelle, citons : « si la première alliance avait été sans défaut, il n'aurait pas été question de la remplacer par une seconde » (8 :7) à cause du manque de révéler nominalement la personne pour qui ses textes ont été écrits : Jésus- Christ, qu'il dit plus tard aux autorités juives pour l'indiquer : « Vous sondez les Écritures, parce que vous pensez avoir en elles la vie éternelle : ce sont elles qui rendent témoignage de moi » (Jean 5 : 39). C'est ce qui se passe entre la Parole écrite dans la Bible et sa version originale en caractères numériques que nous affirmons, rend claire la première Parole écrite en caractères alphabétiques et vice versa ; car la Parole est double en elle-même. Conseillons aux croyants de lire ce livre, apporte une nouvelle méthode d'interprétation du récit de la création, qui veut que les mots des langues choisies (quel qu'en soit l'hébreu) dans l'études des textes en relation avec le thème de cet ouvrage, que ces mots soient des moyens de vérification de la conformité de la pensée reçue dans son esprit qui serait celle de son auteur que l'interprète voudrait montrer, doit parler de Jésus- Christ.

CHAPITRE I. **PASSAGE DE L'ANCIEN AU NOUVEAU TESTAMENT**

Les explications du présent chapitre peuvent sembler insignifiantes pour les habitués de la Bible ; cependant elles entrent dans la liste des savoirs que nous proposons à côté de celui et au chapitre II pour bien saisir la suite de notre interprétation du récit de la création. Cela vaut la peine de rappeler que les choses faciles sont souvent les plus difficiles à comprendre. Avec l'avènement du Nouveau Testament fixé par le canon au nombre des 27 livres inspirés lors du concile de Rome en 382 ap. JC ; les apôtres de Jésus, dans leurs écrits avaient définitivement réglé la question de l'interprétation du récit de la création, malheureusement l'Église continue désespérément à nos jours à s'interroger sur une question déjà résolue. Nous estimons que ce problème demeure à cause de l'idée non conforme que l'on a ou que l'on se fait de l'Ancien Testament et du Nouveau Testament tels que l'entendaient les apôtres. Ne pas comprendre que les deux Testaments ne font qu'un seul livre qui s'explique en des mots différents, c'est tout la difficulté qui noircie le tableau de Genèse 1 et 2 car on sépare des autres livres de l'Ancien Testament qui les rendent éclairs. Mais les explications des apôtres ne sont pas toujours comprises par manque d'attention de la part des interprètes aux petits détails que fournis l'Écriture au sujet du récit de la création ; c'est pourquoi ce présent chapitre est conçu en vue de montrer de quelle manière le Nouveau Testament interprète les textes de l'Ancien Testament. À l'instar du développement du premier chapitre de ce livre où il s'agit des informations fondamentales de notre système d'interprétation de la création de Genèse ; les observations de ce présent chapitre, montrent le sens que nous donnons aux écrits du récit de la création.

Faisant appel à la définition de berit (alliance) telle présentée dans les lignes précédentes, on peut voir que la Parole de Dieu (alliance) est fondée sur l'idée du déjà connu, c'est-à-dire une Parole, la seconde fois qu'elle s'exprime, elle ramène à la mémoire par son contenu et sa manière qui la détermine comme une Parole réellement déjà lue par le passé sous un autre aspect observable. C'est l'idée même de l'Ancien et du Nouveau Testament que l'on peut tirer dans cette définition du concept alliance ; car les écrits du N.T sont des épreuves destinées à éprouver la capacité de la mémoire de ses lecteurs à se souvenir des faits annoncés dans l'A.T. Les parties de la Bible, l'A.T et le N.T généralement connues comme l'accomplissement de la première dans la seconde, ce qui est vrai ; mais on ignore souvent ce que cela veut dire en profondeur et son fonctionnement qui exige l'habileté de l'interprète pour le faire voir. Rapprochant les écrits de l'Ancienne Alliance et de la Nouvelle Alliance, ceux de la dernière s'expriment sous une forme différente par rapport à celle de la première gardant le même contenu révélé pour la seconde fois sur le support de la personne de Jésus-Christ que l'auteur de l'épître aux Hébreux place entre les deux. Car il est la représentation physique en tant qu'être humain de ce que devait être les messages transmis dans les documents de la première Alliance qui ne permettaient pas de se faire une moindre idée sur les intentions finales de leurs auteurs ; qu'ils ont été reproduit pour la seconde fois en maintenant leur impénétrabilité comme dans l'Ancien Testament ; mais compréhensibles que par l'Esprit de Dieu qui les fait connaitre. (Hébreux 8 :6-8). La relation entre les deux Alliances se conçoit lorsqu'on peut comprendre que ce qui a pris plus du temps (A.T), acquiert des qualités toutes particulières en se concevant dans le Nouveau Testament comme du vin ; plus il vieilli, plus il devient agréable en demeurant le même différencié par rapport à son goût qui a traversé le temps. Et la reproduction de la première Parole de Dieu en la seconde ; cette copie, ce que Jérémie, le prophète désigne par alliance nouvelle prédite entre Dieu et les fils d'Abraham, c'est- à- dire l'œuvre littéraire inspirée de la famille d'Aaron (A.T) devrait être doublement reproduite dans le N.T, travaille de la descendance spirituelle de Jésus- Christ pour en faire un seul livre contenant deux formes d'expression différente de la sainte Parole de Dieu. De cette vue, la question du sens de Genèse 1 et 2 se résout de soi. De nos jours, Jésus, est le seul qui dispose de l'autorité de dire la signification exacte des écrits du récit de la création par les écrits du N.T portant son nom et composés par les siens sous l'influence de son Esprit (Hébreux 8.2-4).

Les listes de la généalogie de Jésus-Christ établie de deux manières harmoniques dans Matthieu 1 : 2-16 ; le v.17, sont relativement faciles à comprendre et démonstratives de ce qui vient d'être dites au sujet des écrits de l'Ancien Testament qui s'expliquent dans le Nouveau Testament. La première liste, faite des noms des ancêtres de Jésus depuis Abraham, essentiellement avec les caractères alphabétiques au nombre de 42 sur une longueur de 16 versets du chapitre, qui indiquent sans le dire l'écoulement du temps entre Abraham et Jésus. Tandis que la seconde, depuis Abraham, elle s'appuie sur trois repères pour mesurer ce temps jusqu'au Messie ; que l'auteur de ce bref récit a mis en évidence avec un nom pour une génération ; 42 en somme 3 étapes de 14 chacune. Remarquons, le désir de faire comprendre la durée séparant Abraham et Jésus dans la version alphabétique de la liste de ses ancêtres est à la base de la reproduction de cette liste au v.17 cette dernière fois en langage des nombres pour dire que son travail d'écrire deux fois la même idée du temps séparant Abraham et Jésus a été contrôlé et déclaré exacte en deux styles différents. Ici, la puissance de pénétration des informations que fournissent les listes des ancêtres de Jésus, n'entre pas en jeu car l'évangéliste indique clairement qu'un nom d'un ascendant de Jésus vaut une génération ; et que la durée entre Abraham et Jésus est de 42 générations. Les deux registres de la généalogie de Jésus, est là une belle illustration de l'existence d'un côté caché de la Parole de Dieu. Entre les deux registres de la généalogies, l'évangile de Matthieu facilita la compréhension en calculant la durée éloignant Abraham et Jésus ; mais cache une clé qui puisse aider à préciser ce que vaut une génération en termes d'années pour trouver avec précision la durée qu'il parle. Ne pouvant dire combien d'années valent une génération pour calculer la durée entre Abraham et Jésus ; voilà l'énigme qui pousse certains interprètes à voir dans la chronologie biblique « aucun caractères scientifiques » et pensent que « les chiffres mentionnés par l'Écriture ont un sens symbolique et que l'intention de ses rédacteurs n'est pas de fournir des indications histoires ». Nous nous pensons que ce problème exprime bien le caractère double de la Parole de Dieu : pour ainsi dire, ce que l'on croit connaitre dans la Parole de Dieu, est mal connu en réalité car seul l'Esprit de Dieu peut la faire connaitre en profondeur. La difficulté avec plusieurs réside dans le manque de trouver des points de repères précis dans les données que fournissent les écrits bibliques en relation avec l'histoire des juifs que la Parole indique toujours dans un langage qui reste un secret, et on se laisse aller aux affirmations comme celles qui sont précédemment citées qui dégradent les textes sacrés.

Ceux qui ont écrit les textes inspirés de Dieu, prirent soin d'expliquer les mots qu'ils ont employé suivant le principe de la récurrence des Paroles qu'ils ont tous respecté. Si Matthieu n'avait pas conclu au v.17 de sa généalogie de Jésus pour montrer le côté secret de sa liste des ancêtres de Jésus, nul n'aurait su que 42 noms sont 42 générations d'Abraham au Christ. Mais l'évangéliste ne révéla pas le nombre d'années pour une génération. Cela est fait à dessein pour cacher le savoir car la sagesse ne s'acquiert pas avec facilité, seulement au terme d'une recherche obstinant. C'est ce qui fait la singularité des écrits bibliques, sont énigmes qui s'expliquent par énigmes que seuls les esprits qui ont de l'intelligence peuvent comprendre et résoudre les problèmes qu'ils posent que les regards simples ne peuvent s'intéresser. La lecture de la généalogie de Jésus qui ne considère que son aspect apparent et ignore qu'elle explique une autre réalité que ce qu'elle est réellement, ne peut voir ce qui fait la force même de ce texte inspiré : le savoir caché et mesuré que l'évangéliste a ressorti au v.17. C'est le côté secret de l'Écriture que nous nous efforçons de révéler tout au long de cet ouvrage. La suite des noms des ancêtres de Jésus traduit la manière dont la Parole de Dieu se présente à la vue de ses lecteurs, l'on voit pour la seconde fois dans la liste alphanumérique des ascendants de Jésus nommés en continue sur 3 groupes de 14 périodes qui se suivent les unes après les autres. La dernière liste des noms de la descendance d'Abraham comportant la mesure du temps, étant l'alliance de la première (Matthieu 1 :2-16 et de son v.1) fonctionnent respectivement comme les écrit du Nouveaux Testament et ceux de l'Ancien Testament. Le style des écrits de ce dernier, le différencie du Nouveau Testament qui les explique en secret mais de façon vérifiable, parce qu'ils sont tous la représentation de la pensée de Dieu révélée au même degré de son intelligence et sa force pour cacher ce qu'il a dit plusieurs fois en vue d'affirmer la justesse de sa Parole. Le passage de l'A.T au N.T exige un travail minutieux pour montrer le sens que les auteurs de la seconde Alliance donnent aux textes du récit de la création que nous voulons interpréter qui est conservé quelque part dans ceux de la nouvelle alliance. Pour plusieurs, une telle approche demanderait de connaitre d'abord le milieu d'où viennent Genèse 1 et 2 ; nous répondons, si l'on connait la pensée de l'auteur qui les a écrits, on trouverait l'intelligence nécessaire pour la faire voir avec les mots qu'il a employés. Cet exercice est la voie que nous empruntons dans le développement de notre thème qui débute proprement parler au chapitre III.

CHAPITRE II. **FACE CACHEE DE LA PAROLE DE DIEU**

En vue de faire comprendre notre pensée, nous estimons qu'il est juste de parler d'abord de deux aspects de la Parole de Dieu avant d'aborder la question proprement dite de l'interprétation de Genèse 1 et 2, textes qui ne présentent qu'un seul côté de sa réalité (comme tous les écrits de la Bible d'ailleurs) que tout le monde peut lire et se faire une idée de leurs affirmations. Le récit de la création est composé autour de plusieurs secrets gardés dans les chapitre 6 et 9 du livre de Genèse traitant le style de la rédaction des textes inspirés et de leur capacité à être convertis en nombres ; confidences que mes devanciers n'ont pas pu remarquer, que nous essayons d'expliquer pour indiquer à l'avance notre lecture de Genèse 1 et 2, pour lesquels nous prenons soins de les comprendre qu'en Jésus- Christ, qui est ici la Parole de Dieu sous sa forme spirituelle écrite en caractères numériques. Par opposition à une certaine tendance qui soutient la transparence du récit de la création, les explications de Genèse 6 et 9 nous permettent de montrer ce qui fait que Genèse 1 et 2 soient des écrits difficiles à déchiffrer et qu'ils ne sont pas des œuvre littéraires ordinaires que chacun peut lire et saisir aisément la pensée de son auteur. Les récits de la création sont pour nous des écrits rédigés sur bases des nombres et écrits dans un style qui les rend secrets. Ces nombres, c'est ce que nous appelons : la version originale de la Parole de Dieu, elle est constituée uniquement des caractères numériques arrangés dans un ordre croissant dans tous les sens. Cachée aux yeux des hommes, la version originale de la Parole, c'est l'objet même du thème de cet ouvrage que nous faisons connaitre. Les textes de la Bible comme le récit de la création, étant basés sur des nombres, ils offrent les possibilités de se situer dans le temps et dans l'espace des événements dont ils parlent sans se référer à aucun autre manuel de l'histoire. Faisant partie des textes inspirés de Dieu, le récit de la création, nous vient d'un autre monde car il suit dans sa rédaction un principe qui a guidé tous les auteurs des documents de la Bible. Nous révélons ce style en tentant d'expliquer l'énigmatique concept alliance pour montrer que les écrits de la Bible contiennent en grande partie des mystères dans tous ses textes qui paraissent saisissables, compris le récit de la création de Genèse 1 et 2. Le mot alliance vient de l'hébreu : berit, mot que l'on ne trouve pas dans le vocabulaire de la langue hébraïque tandis qu'il occupe le troisième rang des vocables les plus employés de l'Ancien Testament. Cela signifie qu'il y a manifestement de la part des auteurs de la Bible l'intention de cacher un savoir de premier ordre qui régit la communication entre l'Être infini et le fini-limité. L'alliance (le style littéraire de la création du texte de Genèse1, des écrits renfermant en grande partie des vérités que nous semblons comprendre, en réalité elles échappent aux facultés intellectuelles de l'homme. L'histoire de la traduction de l'Ancien Testament révèle mieux le problème que pose ce concept. Sous Ptolémée II Philadelphe, roi d'Égypte (285 à 247 av. J-C.), débuta la traduction de l'Ancien Testament en grec populaire (le Koinè), travail confié à 72 érudits juifs instruits dans la culture grecque, vivant à Alexandrie ; et prit fin en l'an 150 av. J-C. Le mot inconnu de l'hébreu devint alors « diathèke » (Le grand dictionnaire de la Bible, 2010), pour signifier : « Disposition, Testament » et fut reprit par les compositeurs des documents du Nouveau Testament. Le fait que les auteurs des écrits du Nouveau Testament aient approuvé par le Saint-Esprit la conversion du concept que l'on ne pouvait pas concevoir, soit traduit en une idée qui soit intelligible ; l'histoire montre en fait que la question de compréhension des écrits bibliques demeure doublement posée dans les deux Alliances bien que, et que cela ne résout pas le problème de la signification et de la présence de ce mot étrange que l'alliance pour l'homme de notre époque. Car on ne sait pas dire quelle définition attribuer aux mots « disposition et testament » parmi plusieurs d'entre elles énoncées dans les dictionnaires de la langue française. C'est ce mot « testament » qui devient le titre de deux parties de la Bible ; ce qui veut dire, les écrits de la Bible renferment des faits connaissables à sa petite proportion ; faits mêlés des idées qui semblent être saisissables à sa plus grande dimension. Des écrits bibliques traitent donc des savoirs que nous connaissons qu'en faible partie de ce qu'ils présentent. Cette situation, Dieu l'a voulu comme telle pour montrer l'accessibilité de sa Parole, en particulier le récit de la création, que par la seule voie de la révélation que donne son Esprit. Nous avions été amenés à croire à la solution de cette difficulté que par une relecture de l'Écriture faite avec les yeux suffisamment ouverts en vue de toucher la pensée des artistes choisis écrivant de la part de Dieu, message dissimulé dans les sous-entendus des textes reflétant la nature même de Dieu qui se cache pour se révéler par la suite. Plusieurs travaux ont abouti à comprendre le mot alliance comme la Parole ou la loi. Ce que leurs auteurs ont oublié de dire, est la réponse à la question de savoir : quelle a été cette Parole ou loi donnée aux hommes et répétée quasiment dans toutes les pages de la Bible et restée immuable ? L'alliance de Dieu étant éternelle. Car pour qu'une loi soit réellement une prescription, elle doit être clairement déterminée étant que telle ; sinon, on se demanderait quelle Parole et quelle loi dont il s'agit ? Pour répondre à cette question, plusieurs écrits de la Bible parlent de l'alliance mais nous choisissons ceux de l'alliance conclue entre Dieu entre Noé et Abraham en vue de révéler ce style par une relecture de ces documents ; du fait que ces histoires sont relatées dans les discours directs où l'on voit Dieu lui-même au présent et au centre de sa Parole qui s'exprime comme si lui-même était là au moment et au lieu où le compositeur de Genèse 6 et Genèse 9 les rédigeait. C'est sur cette omniprésence de Dieu que se fonde le principe de la récurrence ou la répétion d'une pensée au début d'un texte, idée qui s'éclipse tout au long de son développement mais toujours là présente dans d'autres mots qui traduit la même pensée difficilement remarquable.

II.a. Alliance avec Noé avant le déluge

Pour l'intention des lecteurs nous proposons tout le chapitre 6 du livre de Genèse : « 1 Lorsque les hommes eurent commencé à se multiplier sur la face de la terre, et que des filles leur furent nées, 2 les fils de Dieu virent que les filles des hommes étaient belles, et ils en prirent pour femmes parmi toutes celles qu'ils choisirent. 3 Alors l'Éternel dit : Mon esprit ne restera pas à toujours dans l'homme, car l'homme n'est que chair, et ses jours seront de cent vingt ans. 4 Les géants étaient sur la terre en ces temps-là, après que les fils de Dieu furent venus vers les filles des hommes, et qu'elles leur eurent donné des enfants : ce sont ces héros qui furent fameux dans l'antiquité. 5 L'Éternel vit que la méchanceté des hommes était grande sur la terre, et que toutes les pensées de leur cœur se portaient chaque jour uniquement vers le mal. 6 L'Éternel se repentit d'avoir fait l'homme sur la terre, et il fut affligé en son cœur. 7 Et l'Éternel dit : J'exterminerai de la face de la terre l'homme que j'ai créé, depuis l'homme jusqu'au bétail, aux reptiles, et aux oiseaux du ciel ; car je me repens de les avoir faits. 8 Mais Noé trouva grâce aux yeux de l'Éternel. 9 Voici la postérité de Noé. Noé était un homme juste et intègre dans son temps ; Noé marchait avec Dieu. 10 Noé engendra trois fils : Sem, Cham et Japhet. 11 La terre était corrompue devant Dieu, la terre était pleine de violence. 12 Dieu regarda la terre, et voici, elle était corrompue ; car toute chair avait corrompu sa voie sur la terre. 13 Alors Dieu dit à Noé : La fin de toute chair est arrêtée par devers moi ; car ils ont rempli la terre de violence ; voici, je vais les détruire avec la terre. 14 Fais-toi une arche de bois de gopher ; tu disposeras cette arche en cellules, et tu l'enduiras de poix en dedans et en dehors. 15 Voici comment tu la feras : l'arche aura trois cents coudées de longueur, cinquante coudées de largeur et trente coudées de hauteur. 16 Tu feras à l'arche une fenêtre, que tu réduiras à une coudée en haut ; tu établiras une porte sur le côté de l'arche ; et tu construiras un étage inférieur, un second et un troisième. 17 Et moi, je vais faire venir le déluge d'eaux sur la terre, pour détruire toute chair ayant souffle de vie sous le ciel ; tout ce qui est sur la terre périra. 18 Mais j'établis mon alliance avec toi ; tu entreras dans l'arche, toi et tes fils, ta femme et les femmes de tes fils avec toi. 19 De tout ce qui vit, de toute chair, tu feras entrer dans l'arche deux de chaque espèce, pour les conserver en vie avec toi : il y aura un mâle et une femelle. 20 Des oiseaux selon leur espèce, du bétail selon son espèce, et de tous les reptiles de la terre selon leur espèce, deux de chaque espèce viendront vers toi, pour que tu leur conserves la vie. 21 Et toi, prends de tous les aliments que l'on mange, et fais-en une provision auprès de toi, afin qu'ils te servent de nourriture ainsi qu'à eux. 22 C'est ce que fit Noé : il exécuta tout ce que Dieu lui avait ordonné » (Genèse 6 :1-22). On se place devant un écrit composé suivant un style littéraire pas facile à étudier basé sur la répétition de la notion de la grâce de Dieu en des termes différents depuis le v.8 où elle est nettement indiquée. On sait que toute communication écrite s'appuie sur une source d'information, d'où celui qui parle ou la rédige trouve la raison de correspondre. L'Écriture étant l'enseignement de Dieu, deux sources d'information se signalent aux lecteurs dans ce chapitre 6 de Genèse. Le v.6 et le v.8, respectivement la source intérieure et la source extérieure, d'où Dieu, par sa Parole, trouva la raison de se révéler à Noé (la source extérieure) au v.13 ; verset qui est la communication divine proprement dite par laquelle le créateur manifesta à Noé sa décision de détruire la terre à cause de la tristesse ressentie dans son cœur à la vue de la perversion de la race humaine. Décret révélé à Noé pour ses qualités comportementales remarquables : juste, intègre et marchant avec Dieu. Sont là les éléments de la source extérieure, déclencheurs de la communication divine. Nous avions remarqué que le v.6 et le v.8 réunis conduisent à la révélation de Dieu à Noé au v.13 en gardant inchangés les contenus de ces deux versets, qui montrent la punition contre la race humaine et la grâce faite à Noé ; car l'émetteur (Dieu) au v.6 et le récepteur (Noé) au v.8 font qu'on capte le message qui est communiqué. Lequel de message est lié au concept alliance au v.18 que nous cherchons à saisir, étant un mot d'origine inconnue, nous le rappelons. Il y a donc dans la Parole de la grâce de Dieu faite à Noé, deux pensées qui s'opposent profondément. Nous comptons 3 versets depuis le v.6 jusqu'au v.8, qui débute par la conjonction : « Mais » traduisant la raison pour laquelle Dieu ne compta pas Noé du nombre des méchants de son époque qui devaient périr, car il se repenti de son mal contre lui à cause de son intégrité au v.9. D'ici, jusqu'au v.13, 5 versets séparent les deux nombres et expriment tous l'idée de la grâce de Dieu dans deux styles qui s'éloignent l'un de l'autre sans rompre la suite du raisonnement de l'auteur du texte quant à un regard favorable du Seigneur jeté sur Noé, nettement exprimée au v.8. Dans ce texte, l'idée de la grâce de Dieu est directement liée à la fois, à la décision de Dieu révélée à Noé de détruire la terre, mais aussi à un plan ingénieusement conçu pour le préserver, lui et sa famille du danger avenir. Ce qui revient à comprendre au regard de la précédente remarque, que la pensée de la grâce de Dieu faite à Noé commençant au v.8 comme on peut le voir explicitement mentionnée ; la grâce, également, est un discours qui se développe sur une longueur de 8 versets depuis le v.6 jusqu'au v.13. La grâce de Dieu, est de ce fait une notion inséparable de l'idée de l'arche. En comptant partant du v.6 à 8 ; du v.8 à 9 ; du v.9 à 13 ; et du v.6 à 13, on trouve donc 2, 3, 5 et 8 groupes de Paroles qui traduisent la pensée de la grâce de Dieu. Ceci veut dire, l'idée de la grâce de Dieu se fait connaître 3, 5, et 8 fois en termes différents. C'est au v.14 que l'auteur de ce chapitre commence à donner à l'idée précise de ce qu'il entend par la grâce de Dieu. En partant du v.14 à 18, il y a 5 versets pour signifier que la grâce de Dieu mentionnée de manière expresse au v.8, s'est déplacée ou exprimée en termes différents au v.18. Ce déplacement, ce qu''on appelle : la métaphore, c'est une figure de style dans lequel un mot remplace un autre, et qu'ils entretiennent entre eux, un rapport de ressemblance d'idée. Le terme métaphore, viens du grec ancien metaphorá, qui est un dérivé du verbe metaphérô, signifie : transporter d'un lieu à un autre. L'idée de la grâce représentée par l'arche à construire suivant les mesures imposées par Dieu ; ce bateau nous le comprenons tel la représentation matérielle de la Parole de Dieu (connaissance) révélée à Noé, qui le sauva du déluge. Cette Parole de la grâce s'est transportée sur 5 longueurs dès le v.14 à 18. C'est dans cet intervalle que Dieu donna à Noé des instructions techniques quant à la fabrication de son arche ; et c'est là que se cache la manière à laquelle s'exprime l'alliance, qui est la connaissance venant de Dieu que l'auteur de Genèse 15 nous fait connaitre. Savoir que nous essayons d'expliquer dans ce livre. Nous comprenons que le mot alliance apparu dans un contexte où Dieu déplore un comportement suivi d'une décision sévère comme punition contre le non- respect de ses règles de conduite, sanction munie d'un modèle dévoilé pour sauver Noé. Mais aussi après une série d'indications précises révélées à Noé de la manière dont l'arche devait se présenter, donc un problème que Noé était appelé à résoudre, qui correspond aujourd'hui à la manière dont se présente à nous la Parole de Dieu que nous devons connaitre. Sont-là des remarques à prendre en compte dans la compréhension et la définition du concept alliance, la clé d'une bonne lecture des écrits de la création de Genèse 1 et 2. Cela saute aux yeux, le v.18 de Genèse 6 se réfère aux dernières instructions quant à l'arche que Noé devait construire et qui s'acheva comme l'atteste l'Écriture au v.22, nous citons : « C'est ce que fit Noé : il exécuta tout ce que Dieu lui avait ordonné ». Le savoir-faire technique révélé depuis le v.15 à 22 et cela en huit Paroles de Dieu ; c'est ce que la Parole appelle en ses termes la grâce que « Noé trouva aux yeux de Dieu » au v.8 ; connaissance qu'il convertit en arche pour le préserver du déluge. Il y a lieu de remarquer ici que les qualités morales de Noé soulignée au v.9, viennent après la Parole nous informant qu'il reçue de Dieu sa faveur. Cet ordre n'est pas anodin, car la grâce de Dieu dans ces textes est éclairement indiquée comme nous venons de l'expliqué : un savoir-faire technique reçu en signe de préférence que Dieu lui porta par rapport à ses contemporains. La notion de la faveur divine se comprend encore de manière frappante dans Genèse. 7 : 1, qui explique Genèse 6 : 18 en établissant l'accord de sens entre le savoir- faire technique (la grâce) et l'alliance. La seconde partie du v.18 de Genèse 6 commençant par : « tu entreras dans l'arche, », c'est la même qui débute le chapitre 7 quand Noé acheva son ouvrage, l'Éternel lui dit : « Entre dans l'arche, toi et toute ta maison : car je t'ai vu juste devant moi parmi cette génération », cette Parole du v.1 de Genèse 7, nous l'avions dit, reproduit le v.18 de Genèse 6 dans l'intention de montrer que le concept alliance renferme la même signification que le mot grâce. Cette idée de la compréhension du sens du concept alliance que l'Écriture fait comprendre, nous la ressortons dans la seconde partie du v.1 de Genèse7 montrant la raison avancée par Dieu pour expliquer l'entrée de Noé dans l'arche. Ce geste traduit avec plus de lumière la notion de l'alliance que Dieu conclut avec Noé dans Genèse 6 : 18. Cette alliance, suivant l'esprit du texte, c'est le savoir divin compris ici comme une grâce que Noé reçue de Dieu qui le rendit inventif et capable de répliquer la pensée de Dieu au moyen de son arche. Nous savons que, c'est entre le v.14 à 18 que se dégage clairement l'idée d'un modèle imaginé par l'architecte divin que Noé mit en exécution en le reproduisant pour le rendre visible par un corps physique. Ces cinq versets relatifs aux instructions techniques dans la construction de l'arche, sont pour nous aujourd'hui des connaissances à saisir pour pouvoir échapper aux puissances qui déroutent l'esprit du lecteur qui cherche à comprendre la pensée secrète des écrits de la Bible, en particulier ceux du récit de la création, rédigés selon le principe de reproduction des idées semblables, étant une alliance. Dans 2 Corinthiens 3 : 14-16, l'apôtre Paul parlant d'un voile jeté sur l'intelligence des fils d'Israël quand ils cherchent à sonder les écrits de l'Ancien Testament. L'Écriture fait référence à cette connaissance cachée de la Parole de Dieu dont nous parlons, que l'Esprit communique aux hommes libérés de la puissance de l'ignorance qui couvre leurs esprits, les condamnant à ne pas voir le côté secret de l'écrit inspiré comme l'apôtre Paul l'affirme dans sa seconde épitre aux Corinthiens. (3 : 13 à 16). La manière de répéter une idée plusieurs fois en des termes différents dans une composition d'un texte de la Bible, c'est ce voile que nous appelons ici, la puissance d'égarement qui s'abattent sur toute personne qui lit les documents de la Parole de Dieu, en particulier ceux de Genèse 1 et 2 n'ayant pas reçu la grâce de connaitre cette réalité littéraire. Car c'est par cette connaissance venant Dieu (grâce) autrement dit : être en alliance avec Dieu, qu'un lecteur du récit de la création peut parvenir à résister à la puissance de restriction de son esprit que dégagent que ces textes pour l'empêcher de s'approcher de la pensée de leur auteur. Le savoir divin (grâce) que reçu Noé, représenté par l'arche, l'aida à résister à la force des eaux du déluge de la Parole de Dieu. La Parole de la révélation de Dieu que nous appelons aussi la grâce (ou l'alliance avec Dieu), se reproduire donc comme démontré précédemment 2, 3, 5 ou 8 fois selon la structure d'un texte en présence. L'idée de la grâce de Dieu montrée de manières variées, renvoie donc à la notion des nombres entiers. C'est uniquement avec les nombres que Noé pouvait se faire une idée précise de la pensée de Dieu quant à l'ouvrage qui lui a été ordonné de construire ; Dieu s'en servit comme les outils de la révélation de sa Parole transmise et correctement reproduite par Noé. Voyons comment dans le plan architectural de l'arche révélé à Noé, l'auteur de Genèse 6 présente par la notion des fractions tenue secrète dans le v.15 et v.16, le rapport entre l'aspect caché de la Parole et son côté accessible à tous. Ceux qui ont des difficultés à comprendre l'arithmétique, peuvent sauter ces explications et retenir qu'un texte de la Parole de Dieu contient l'insaisissable et ce que chacun peut connaitre confondus, que nous représentons respectivement par les rapports 16/15 et 8/30=4/15. Le premier étant la représentation des Paroles des versets 15 et 16 de Genèse 6 rendues publiques et la seconde, celle des Paroles secrètes dans ce chapitre. Pour rappel, une fraction est un partage, elle est faite d'un rapport entre un numérateur et un dénominateur. Le numérateur, correspond au nombre au-dessus du quotient, il montre « combien de morceaux on va prendre » lord du partage de l'arche de Noé. Il est facile de voir cette notion de numérateur clairement exprimée au v.16 dans les trois parties de l'arche bien énumérées par son concepteur qui les compte de façon précise, nous citons : « tu construiras un étage inférieur, un second et un troisième » traduit mieux la signification étymologique du concept numérateur : « celui qui compte », latin : « numerator ». La valeur 16 de la portion citée de la Parole de Dieu est donc le numérateur de la notion de fraction cachée dans le v.16 de Genèse 6. Montrant à Noé les moyens de s'y prendre au v.15, Dieu laisse comprendre par l'Écriture de façon dissimilée que les trois dimensions de l'arche mesurées en coudées traduisent l'idée du dénominateur de la fraction qui symbolise le plan architectural de l'arche Noé. Le dénominateur de la fraction est par conséquent le nombre 15, car c'est à cette valeur que l'on voit Dieu, suivant la définition étymologique du mot dénominateur, c'est « qui décide, qui désigne, celui qui indique par combien » des coudées Noé devait partager les morceaux constituant son arche. On peut bien comprendre que les 300, 50 et 30 coudées des planches réunies forment la fameuse arche partagée en trois étages, ces mesures « représentent le nombre de parties égales qui divisent » tout l'édifice de Noé ; c'est donc l'idée du dénominateur que la Parole montre de façon secrète. En latin c'est « denominator », signifie : « celui qui désigne ». En raison de fluctuation de la valeur exacte d'une coudée en mètre et millimètre suivant les régions et les époques, nous gardons les dimensions de l'arche en coudées. La Parole de Dieu révélant à Noé le plan architectural de son bateau, elle peut donc s'écrire sous forme d'une fraction qui vaut 16/15 suivant le témoignage de l'Écriture. La fraction 16/15, représente ici la forme abstraite plan architectural de l'arche de Noé au v.15 et 16 de Genèse 6 avant sa matérialisation ; par conséquent, c'est l'expression chiffrée et réduite de la Parole de Dieu dans sa forme spirituelle inintelligible ne portant pas encore les différents caractères alphabétiques des langues des hommes qu'on trouve dans la multitude de livres inspirés de la Bible. Nous voulons dire en substance, l'arche de Noé et les textes inspirés de la Bible que nous avons aujourd'hui, sont deux expressions visible de la Parole de Dieu que les humains peuvent saisir. Le quotient 16/15 veut dire, la Parole de Dieu adressée à Noé sous sa forme originelle et spirituelle, se présente en 31 nombres fractionnés en deux ensembles ayant la même signification : seize (16) en haut et quinze (15) autres en bas du système de nombres. Ceci est un prélude aux explications du chapitre IV sur la manière à laquelle se présente l'ensemble de chiffrés qui fondent le récit de la création et tous les écrits de la Bible. Revenons aux trois mesures de l'arche de Noé pour trouver autre expression arithmétique du plan architectural de l'arche de Noé que peu de gens peuvent découvrir dans la Parole et celle que chacun peut lire dans les écrits bibliques qui cohabitent. L'arche mesurant 300 coudées de longueur ; 50 coudées de largeur et 30 coudées de hauteur, deux fractions se dévoilent dans ces mesures, à savoir : 50/300 et 30/300. Le dénominateur est commun aux deux fractions, car en pratique, l'arche devait avoir deux planches mesurant chacune 300 coudées de longueurs comme les bases de l'arche. La largeur et la hauteur devant s'assembler toutes aux deux planches de 300 coudées de longueurs, c'est pourquoi nous représentons l'arche par la fraction suivante : 50/300+30/300, sachant que le plan architectural de l'arche relève du domaine de l'abstrait que le v.15 et v.16 peuvent s'écrire sous la forme fractionnaire. Et ce n'est que sous cette forme de la Parole de Dieu (sa pensée) que nous pouvons essayer de l'étudier pour comprendre la façon dont elle se présente dans son aspect spirituel avant qu'elle ne prit son côté matériel transformée en arche par Noé. La fraction 50/300+30/300 ne change en rien les trois dimensions de l'arche voulues par la Parole de Dieu, car elle est la résultante de l'assemblage de ses trois dimensions. Suivant la règle de l'addition des fractions ayant un dénominateur qui veut qu'on fasse l'addition de leurs numérateurs. La fraction devient alors 80/300. On comprend que le 80 est une écriture chiffrée de la fenêtre réduite à une coudée en haut de l'arche ; pour dire tout simplement que ce numérateur provient de la somme de deux dimensions (50 et 30 coudées) ramenées en une seule en haut de la fraction pour représenter la fenêtre de l'arche. La fraction simplifiée donne alors 8/30, c'est l'expression chiffrée de la porte voulue par Dieu à côté de l'arche. La fraction s'arrête à 4/15 car l'arche que nous désignons par la fraction 50/300 +30/300, doit avoir trois étages : 80/300, figurant premier ; le 8/30, le deuxième étage ; enfin 4/15 pour le troisième étage de l'arche. L'arche est désormais représentée par la fraction : 50/300+30/300 = 80/300=8/30=4/15. Remarquons, la fraction 8/30 est la forme abrégée de huit nombres en dessous de chacune de valeur de deux groupes identiques ayant 15 nombres chacun : de 1 à 16 ; et de 17 à 31. Et le rapport le 4/15 traduit le décompte de nombres en dessous d'un seul groupe des valeurs numériques symbolisant la Parole de Dieu dans son étant spirituel.

En vertu de la loi des proportions qui stipule : le produit des extrêmes est égal au produit des moyens, on a : 8 x15 = 4 x 30 =120. Ce nombre (120) correspond à la somme totale de valeurs équivalentes en dessous de deux ensembles de 15 nombres de notre système.

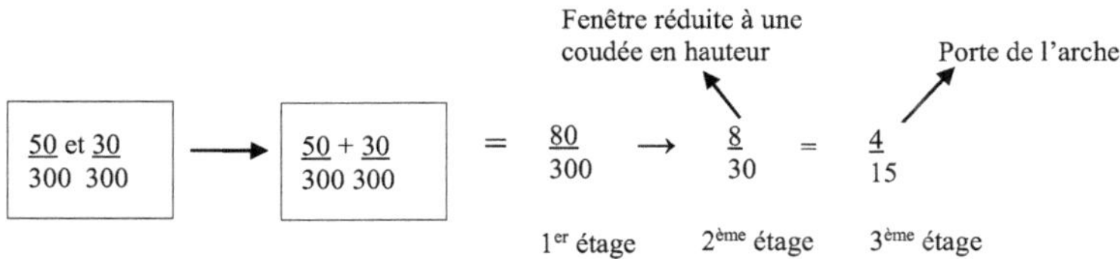

On peut comprendre que le quotient 16/15 et l'égalité 8/30 = 4/15 sont deux informations tirées dans l'énoncé du plan architectural qui est une idée abstraite que nous la représentation par ces trois fractions ; plan dont le contenu permit à Noé de le matérialisé par son arche. Sont-là des notions de base de la forme spirituelle de la Parole de Dieu qui est le thème principal du récit de la création de Genèse 1 et 2 développées au chapitre III.

Signalons que l'arche de Noé est un enseignement ; elle est la représentation visible de la Parole de Dieu qui est spirituelle et insaisissable avant qu'elle n'ait été manifestée à Noé ; raison pour laquelle nous la symbolisons par le quotient des nombres 8/30 = 4/15 qui la figure en vue d'essayer de la comprendre. Parce que « l'Esprit sonde tout, même les profondeurs de Dieu », I Corinthiens 2 :10. Ces fractions sorties de Genèse 6 : 15 et 16 les deux facettes de la Parole de Dieu qui coexistent. Nous référant ce chapitre et à ses éclairages, 8/30 = 4/15 symbolisent la connaissance que tous ne peuvent pas voir et le nombre de fois que l'idée de la grâce de Dieu s'est révélée à Noé, c'est-à-dire 2, 3, 5, 8 comme nous l'avions exposé dans les lignes qui précédent, vérité pas facile à découvrir. Tandis que le rapport 16/15, c'est l'expression numérique décrivant la partie de la Parole de Dieu destinée au grand public relative à ses écrits rédigés dans les langues des hommes que chacun peut voir et lire. On peut voir dans ces deux fractions deux manières variées par lesquelles la Parole se révèle, étant la grâce de Dieu symbolisée par l'arche de Noé. L'une cachée et l'autre visible, car Noé transforma l'inaccessible reçu de Dieu à l'accessible au moyen de son arche. Et c'est sur cette connaissance que se fonde le développement de ce présent livre. Pour ceux qui peuvent le voir, comprennent que la Parole de Dieu rédigée en caractères alphabétiques que nous possédons dans la Bible est d'abord chiffrée dans sa forme originelle avant qu'elle n'ait été rédigée en caractères alphabétiques. La Parole de Dieu étant spirituelle et inaccessible à l'esprit humain ; l'arche de Noé qui la symbolise est son expression matérielle. De là nous vient l'idée du caractère double de la Parole de Dieu, c'est-à-dire elle est faite de l'inaccessible à l'humain dans sa forme chiffrée (spirituelle) et du compréhensible portant les termes relatifs à l'entendement humain. C'est seulement sous cet aspect que l'humain peut se faire une idée vague de la Parole de Dieu, ne percevant qu'une seule facette de sa pensée qu'elle révèle dans un langage accessible à tous employant des termes qu'on retrouve dans la vie courante. Ce livre est consacré à ce côté-là, caché de la Parole de Dieu sur l'histoire de la création écrite dans Genèse 1 et 2. La Parole de Dieu, écrite dans la Bible, représentée par l'arche de Noé, ouvrage que nous concevons comme un enseignement, avait au départ un côté spirituelle et inaccessible à l'esprit humain, car nul ne pouvait pressentir la connaissance qu'elle révéla à Noé pour tel ouvrage qui l'épargna de la force irrésistible du déluge. La Parole de Dieu écrite dans la Bible se présente aux lecteurs dans sa forme accessible, possède donc un côté vulgaire semblable à l'arche que Noé rendit visibles au grand public au moyen de son travail. Il y a sans doute enfoui dans les textes inspirés de Genèse 1 et 2 sa forme spirituelle écrite en caractères numériques du fait de son caractère double. C'est la réalité que nous avions remarquée dans les écrits du récit de la création de Genèse 1 et 2, quelque chose qui échappe à l'attention que cette étude dévoile que les auteurs qui ont traité ce thème avant moi n'ont pu ressortir. Et pour comprendre ces deux chapitres en rapport avec le thème de notre ouvrage, un savoir spécial venant de l'Esprit de Dieu est conseillé quant à ce pour parvenir à sortir d'abord le sens que leur auteur donnait à ses termes ; ensuite montrer par l'Écriture comment sa pensée a été rédigée dans le langage actuel accessible à la fois aux érudits et aux novices. La Parole de Dieu, étant une alliance, n'est donc pas un accord entre Dieu et les hommes suivant le sens qu'on attribue aujourd'hui à ce mot. C'est une définition tirée à la surface de la pensée de la Parole en négligeant l'information fondamentale que véhicule le texte comme nous le montrons. Au regard de ce qui vient d'être dit au sujet de la Parole de Dieu appelée aussi la grâce ou l'alliance : elle est plutôt un savoir surnaturel, contrôlé et certifié vrai plusieurs fois et rendu public au moyen d'un corps matériel qui fait appel à la capacité des hommes à le discerner ou le sentir. De même que Dieu sentit l'odeur de l'holocauste comme élément de perception et fit venir dans sa pensée sa Parole de la procréation de la race humaine. De nos jours, l'arche de Noé est semblable à la Parole de Dieu écrite dans la Bible. Cette dernière est une expression écrite du savoir de Dieu révélé dans le langage que l'homme actuel ne peut connaitre, car Dieu seul par son Esprit peut le connaitre par sa grâce. À la fois questions à résoudre et réponses à ces questions, du fait de la manière difficile à saisir à laquelle ces solutions divines sont proposées aux hommes. Par conséquent, Genèse 1 et 2 sont des résolutions à la question de leur finalité et interprétation, dans la mesure où l'interprète pourrait y découvrir le système de nombres sur lesquels ces textes ont été composés, qui en est la clé de leur compréhension. Certains comprendrons mieux cette façon d'appréhender les écrits inspirés de la Bible (Parole de Dieu) qu'au chapitre V, où nous essayons de résoudre l'énigme de quatre fleuves du jardin d'Éden et sa localisation que nous présente l'Écriture. Nous interprétons les chiffres de la superficie d'Israël, surface du pays que Moïse annonça à l'avance en secret par l'appellation Éden, en montrant que les écrits de Genèse 2 : 8-15 en rapport avec le jardin, sont premièrement des nombres réels sur lesquels ils ont été composés. Les nombres dont nous parlons, se sont reproduits dans un autre langage qui est le nôtre pour former le récit de la création. Transmise aux hommes dans cette dernière version, la Parole de Dieu nous parvient avec les termes du langage commun qui la couvrent et deviennent du coup voilé. De ce fait, il y a donc moyen de retourner à l'origine de ces écrits pour retrouver et résoudre les problèmes que ces textes posent. Dans sa première épître, l'apôtre Pierre montra que les eaux du déluge tombèrent du ciel après que Dieu ait jugé parfait le travail de Noé qui a réussi à représenter par un corps visible la Parole des solutions qui lui fut révélée pour le sauver. Ce que l'apôtre Pierre appelle : « l'engagement d'une bonne conscience envers Dieu ». L'apôtre voulais dire, dès lors que celui qui lit la Bible s'efforce à appliquer la règle de reproduction de sa pensée, ne tardera pas que viendra du ciel une connaissance de degré 3, le plus haut de l'échelle des valeurs de la Parole. Révélation qui serait le véritable déluge venant du ciel, non pour l'engloutir mais pour l'amener à « Ararat », l'image de la compréhension élevée de la Parole de Dieu. C'est aussi le « troisième ciel » que l'apôtre Paul parle dans 2 corinthiens 12 : 2-7. C'est ici la règle que le Seigneur a établi depuis bien des temps qui régit la rédaction de sa Parole. Chercher une autre voie provoque son mécontentement qui s'apparente à une rébellion contre sa volonté. L'alliance (Parole de la grâce), étant une faveur de Dieu portant en elle la solution proposée écrite en nombres à la question de l'interprétation des textes du récit de la création que ces écrits soulèvent ; réponse qui s'écrit plusieurs fois de manière différentes suivant la règle de reproduction de sa pensée. Cette compréhension de la Parole c'est ce qui manque aux nombreux savoirs que nous possédons de nos jours sur la rédaction des textes de la création biblique de Genèse 1 et 2. Ce manque empêche l'esprit du lecteur à pouvoir remonter le temps pour trouver la pensée de l'auteur de ces chapitres clairement révélée depuis la nuit des temps dans l'ensemble de textes inspirés. La Parole de Dieu se matérialisant dans l'arche de Noé, passa donc de l'invisible au visible. Pour dire : si les dimensions de l'arche sont mesurables, vérifiables et déclarées correctes par Dieu son concepteur après que Noé l'ait construit, nous pensons que la Parole de Dieu porte aussi les mêmes caractères que sa forme matérielle. Car Dieu passant en revue les dimensions de l'arche construit par Noé pour voir si elles étaient celles que lui imposa l'avait exigé. On comprend que l'arche est mesurable, vérifiable et correctement exécutée conformément aux instructions données par Dieu. Ce qui nous amène à affirmer que le récit de la création dans ces deux tableaux (Genèse 1 et 2), étant la Parole de Dieu figurée par l'arche Noé, nous vient également aujourd'hui sous ses trois caractères mentionnés ci- haut, à savoir : - le récit de la création est mesurable, c'est- à-dire son contenu qui est d'abord spirituelle peut se présenter sous une forme numérique et difficile à l'homme de la saisir. Seul Dieu peut le faire connaître comme il l'a fait à Noé en ramenant sa pensée dans un langage que lui pouvait comprendre, celui des nombres qui conférèrent à l'arche son caractère calculable comme celui de l'histoire de la création. Les nombres ont servis à Dieu et à Noé comme outils de l'appréhension de la pensée divine qui lui a été communiquée ; car dans sa forme originelle (spirituelle), la Parole de Dieu, ne peut être clairement comprise par l'humain que par le moyen des nombres qui l'expriment mieux. - le récit de la création est vérifiable, cela veut dire, l'Écriture reste accessible à quiconque veut savoir si la théorie soutenue par nous, selon laquelle Genèse 1 et 2 ont été écrits sur fond d'un ensemble de nombres est vraie ou fausse. Cela se vérifie qu'au chapitre IV réservé à ce travail. Dieu voyant après contrôle du travail exécuté par Noé, celui de rendre matérielle sa Parole qui est spirituelle ; que les dimensions de l'arche étaient celles que lui avait imposées. Il y a là le travail de comparaison allant de l'œuvre humaine à la Parole de Dieu qui en est la source ou le modèle. Ce qui doit être fait dans la critique ; c'est pourquoi au v.22, parlant de Noé, la Parole dit : « il exécuta tout ce que Dieu lui avait ordonné ». Et Dieu contrôla donc la façon dont sa Parole était reproduite au moyen de l'arche de Noé, qui est le langage matériel du spirituel exprimé autrement. Il doit donc régner après contrôle une parfaite harmonie entre la forme chiffrée du récit de la création et celle de ses affirmations que nous disposons dans la Bible ; la première est celle que nous comparons au plan architectural de l'arche par leur caractère immatériel. Et la seconde forme de l'histoire de la création, c'est celle qui porte les différentes langues des hommes que toutes les nations peuvent lire et se représenter une idée vague de la pensée de Dieu, ayant été couverte du voile ces langues. Quand Proverbes de Salomon dit : « Toute la Parole de Dieu est éprouvée, », il ne fait que confirmer la vérité de Dieu partagée ici. Cette Parole vient d'un homme sage dont le nom hébreu signifie : « rassemble », c'est Agur ; il voulait dire, toutes les Paroles qui ont été collectées au fil de temps, sont toutes dignes de confiance car elles sont passées au crible par des hommes à qui Dieu confia cette tâche sous son contrôle. La pluie descendit du ciel qu'après vérification par Dieu du savoir- faire venant de lui-même, révélé au monde par le moyen d'un corps physique produit par Noé. Ce qui veut dire, toute interprétation de Genèse 1 et 2, compris celui que nous proposons, qui prétend venir de Dieu, doit être en accord avec l'Écriture avant qu'il ne soit accepté après contrôle fait avec des yeux éclairés par la lumière venant du Saint- Esprit, seule énergie qui peut libérer l'esprit de l'examinateur de l'emprise de l'orthodoxie. - En fin le récit de la création est exact, pour dire, après examen de Genèse 1 et 2, on doit trouver que le même message que véhicule l'ensemble de la révélation de Dieu, c'est-à-dire : Jésus- Christ. Autrement dit, le récit de la création a été certifié et déclaré conforme à l'original. Car à partir du chapitre IV, nous sommes parvenus à montrer l'égalité de pensée entre la facette cachée de de Genèse 1 et 2 formée des nombres et servant de modèle à son aspect visible que tous peuvent lire. De même la Parole de Dieu révélée à Noé par des nombres et convertie par lui en l'arche ; saisie ici comme une forme matérielle déclarée identique à la Parole de Dieu ; œuvre qualifiée rigoureuse après vérification de son travail réalisé suivant le modèle exigé pour se sauver, lui et sa famille. C'est ici que la Parole dit sur elle-même : « Toutes les Paroles de ma bouche sont juste, Elles n'ont rien de faux ni de détourné ; ». (Proverbes 8 : 8). Comprenons, qu'aucune interprétation de Genèse 1 et 2 ne peut être reconnue vraie et conforme à la pensée de leur auteur si elle n'y ressorte pas la personne Jésus- Christ, qui est le thème principal et réel du récit de la création en dépit de son apparence littéraire.

II.b. Alliance avec Noé après le déluge

1 Dieu bénit Noé et ses fils, et leur dit : Soyez féconds, multipliez, et remplissez la terre. 2 Vous serez un sujet de crainte et d'effroi pour tout animal de la terre, pour tout oiseau du ciel, pour tout ce qui se meut sur la terre, et pour tous les poissons de la mer : ils sont livrés entre vos mains. 3 Tout ce qui se meut et qui a vie vous servira de nourriture : je vous donne tout cela comme l'herbe verte. 4 Seulement, vous ne mangerez point de chair avec son âme, avec son sang. 5 Sachez-le aussi, je redemanderai le sang de vos âmes, je le redemanderai à tout animal ; et je redemanderai l'âme de l'homme à l'homme, à l'homme qui est son frère. 6 Si quelqu'un verse le sang de l'homme, par l'homme son sang sera versé ; car Dieu a fait l'homme à son image. 7 Et vous, soyez féconds et multipliez, répandez-vous sur la terre et multipliez sur elle. 8 Dieu parla encore à Noé et à ses fils avec lui, en disant : 9 Voici, j'établis mon alliance avec vous et avec votre postérité après vous ; 10 avec tous les êtres vivants qui sont avec vous, tant les oiseaux que le bétail et tous les animaux de la terre, soit avec tous ceux qui sont sortis de l'arche, soit avec tous les animaux de la terre. 11 J'établis mon alliance avec vous : aucune chair ne sera plus exterminée par les eaux du déluge, et il n'y aura plus de déluge pour détruire la terre. 12 Et Dieu dit : C'est ici le signe de l'alliance que j'établis entre moi et vous, et tous les êtres vivants qui sont avec vous, pour les générations à toujours : 13 j'ai placé mon arc dans la nue, et il servira de signe d'alliance entre moi et la terre. 14 Quand j'aurai rassemblé des nuages au-dessus de la terre, l'arc paraîtra dans la nue ; 15 et je me souviendrai de

mon alliance entre moi et vous, et tous les êtres vivants, de toute chair, et les eaux ne deviendront plus un déluge pour détruire toute chair. 16 L'arc sera dans la nue ; et je le regarderai, pour me souvenir de l'alliance perpétuelle entre Dieu et tous les êtres vivants, de toute chair qui est sur la terre. 17 Et Dieu dit à Noé : Tel est le signe de l'alliance que j'établis entre moi et toute chair qui est sur la terre.

Ce point, aussi bien que le précédent, sert à montrer le style littéraire du récit de la création, qui est commun à tous les auteurs bibliques pour renforcer notre théorie du caractère double de la Parole de Dieu, Genèse 1 et 2 étant les sous-ensembles des écrits bibliques formés des vérités rendues publiques et celles qui sont tenues secrets, nous l'avions dit. La façon dont l'auteur de cette histoire développe sa pensée en reproduisant plusieurs fois l'ordre de remplir la terre autour duquel ce chapitre est rédigé, ce style littéraire est aussi celui de Genèse 1 et 2 que nous exposons. Il n'est pas facile de découvrir dans Genèse 9 trois façons de rappeler l'ordre divin intimé aux vivants de se procréer.

- La première manière, celle où l'on voit l'ordre de remplir la terre se répète avec les mêmes mots tel que tout le monde peut le voit au v.1 et 7 de Genèse 9, reproduisent la première partie de cet impératif donné à l'homme et la femme dans Genèse 1 : 28.

– La seconde, par contraste de Genèse 8 : 21 et Genèse 6 : 17 formant l'antithèse évocatrice de l'impératif de la procréation des vivants et consacrent du coup la continuité de la vie sur terre mise en relief pour la troisième dans le v.1 et 7 de Genèse 9. L'odeur suave des holocaustes offerts par Noé, suscita en Dieu le souvenir de ses Paroles des bénédictions en faveur, à la fois aux animaux et aux oiseaux et au couple homme-femme qu'il donna l'ordre de remplir respectivement les eaux des mers et la terre dans Genèse 1 : 22 et dans Genèse 1 :28 ; et clairement repris deux fois au v.1 et 7 de Genèse 9 car ces deux derniers versets, sont des rappels ou souvenir qui est évoqué et appliqué en faveur Noé et ses fils dans les mêmes termes qu'au premier chapitre, nous citons : « …Soyez féconds, multipliez, remplissez la terre,… ».

-La troisième manière de dire l'impératif de la procréation, par le symbolisme, Dieu plaça l'arc-en-ciel dans la nuée comme signe évocateur de sa Parole de génération de la race humaine. L'arc-en-ciel est l'expression de l'ordre de Dieu de remplir la terre conservé sous une forme visible et fait appel à notre intelligence et capacité à la discerner. Le symbolisme, c'est donc l'unique voie de communication entre Dieu et les humains établie en loi invariable, compris le récit de Genèse 1 comme l'atteste Genèse 9 : 12. Cette loi de Dieu impose que toute Parole de sa bouche s'attache à un objet ou un phénomène qui sollicite le sens visuel de la personne qui la lie. On peut vite comprendre que toute Parole de Dieu dans la Bible (étant une alliance), elle présente un caractère évocateur à la vue de quelque chose à découvrir qui lui est attachée qui la rappelle. C'est-à-dire, pour un texte donné à interpréter, le cas qui nous concerne : Genèse 1, si celui cherche à l'interpréter parvient à percevoir une chose qui se trouve dans la nature qui permet de reproduire les écrits de ce chapitre, il (elle) répéterait donc plusieurs fois la Parole dite par Dieu conservée dans le récit de la création.

Et ce n'est pas Genèse 1 et 2 qui échappera à cette règle invariable édictée par Dieu, car dans ses deux tableaux, le récit de la création sont des souvenirs des Paroles dites par Dieu nous laissés par leur auteur (signes visuels), il suffit de les regarder attentivement pour se les rappeler selon la loi de la communication entre Dieu et les hommes. C'est pourquoi autrefois Dieu fit faire à Noé l'arche, figurant sa Parole annonçant aux hommes le cataclysme et le salut ; et l'arc-en-ciel, pour rappeler son ordre de procréation. Depuis l'époque de Moïse jusqu'aujourd'hui, la Parole de Dieu écrite dans la Bible, par ses caractères alphabétiques que chacun peut voir avec ses yeux, sont susceptibles de reproduire ses Paroles et les actes qu'il a fait faire par les hommes. Le récit de la création comme toute la Bible, reste par conséquent la forme symbolique de la Parole de Dieu, car a été écrite pour qu'en le lisant ou le regardant qu'on reconnaisse les Paroles que Dieu a dites que Genèse 1 et 2 représentent, non pour se contenter de rester seulement sur les réalités apparentes que nous présentent ces textes comme le fait la majorité de gens. Face au récit de la création, beaucoup des croyants se contentent du discours de son auteur ignorant que ses deux textes de Genèse 1 et 2 ne sont que des figures de la pensée de Dieu que nous devons appréhender par l'intelligence venant premièrement de son Esprit pour accéder au spirituel et par la raison pour rendre compréhensible le message inaccessible que contient ces chapitres. Nous comprenons que l'ordre de procréation dans Genèse 1 : 28 repris trois fois dans : (Genèse 8 : 21 ; 6 : 17) ; 9 : 1 et 7, ces versets font parties de l'aspect caché de la Parole de Dieu éclipsée par l'arc-en-ciel qui la figure. Il y a dans la Bible (qui est la représentation figurée de la pensée de Dieu) ce que tout le monde peut voir lié directement au secret réservé à une poignée de gens, nous l'avions dit. Le récit de la création faisant partie des écrits de la Bible, est une alliance, parce qu'il a une forme visible qui le rend symbolique que chacun peut lire et une autre cachée existant en caractères numériques, que nous révélons dans ce livre car Genèse 1 et 2 sont écrits par une intelligence venant d'un monde autre que celui des humains. C'est ici que l'apôtre Paul dit : « c'est une sagesse que nous prêchons parmi les parfaits, sagesse qui n'est pas de ce siècle, ni des chefs de ce siècle, qui vont être anéantis ; nous prêchons la sagesse de Dieu, mystérieuse et cachée, que Dieu, avant les siècles, avait destinée pour notre gloire, 8 sagesse qu'aucun des chefs de ce siècle n'a connue, car, s'ils l'eussent connue, ils n'auraient pas crucifié le Seigneur de gloire.

Mais, comme il est écrit, ce sont des choses que l'œil n'a point vues, que l'oreille n'a point entendues, et qui ne sont point montées au cœur de l'homme, des choses que Dieu a préparées pour ceux qui l'aiment. 10 Dieu nous les a révélées par l'Esprit. Car l'Esprit sonde tout, même les profondeurs de Dieu » (1 corinthiens 2 : 6). En résumé de ce chapitre et en vertu de l'immuable loi du symbolisme de la Parole de Dieu instituée dans Genèse 9 :16, renseigne que les textes bibliques (qui est une alliance) sont des savoirs secrets exprimés au moyen des signes visuels qui les rappellent surtout en les regardant attentivement avec ses yeux pour parvenir à les reconnaitre. Ce qui veut dire, le côté caché du récit de la création que nous affirmons découvrir doit se montrer conforme aux témoignages de la Parole de Dieu écrite dans la Bible ; et à cette condition seulement que se justifierait le caractère double du récit de la création, fait de ses écrits comme l'objet qui fait apparaître à l'esprit du lecteur son côté secret que nous dévoilons.

CHAPITRE III : **SECRETS DE LA CRÉATION.**

Les mystères de Genèse chapitre premier qui ne cessent d'attirer la curiosité des esprits avertis que nous plaçons au centre cet ouvrage, se formulent en ces termes :

« Au commencement, Dieu créa les cieux et la terre. 2 La terre était informe et vide : il y avait des ténèbres à la surface de l'abîme, et l'esprit de Dieu se mouvait au-dessus des eaux. 3 Dieu dit : Que la lumière soit ! Et la lumière fut. 4 Dieu vit que la lumière était bonne ; et Dieu sépara la lumière d'avec les ténèbres. 5 Dieu appela la lumière jour, et il appela les ténèbres nuit. Ainsi, il y eut un soir, et il y eut un matin : ce fut le premier jour. 6 Dieu dit : Qu'il y ait une étendue entre les eaux, et qu'elle sépare les eaux d'avec les eaux. 7 Et Dieu fit l'étendue, et il sépara les eaux qui sont au-dessous de l'étendue d'avec les eaux qui sont au-dessus de l'étendue. Et cela fut ainsi. 8 Dieu appela l'étendue ciel. Ainsi, il y eut un soir, et il y eut un matin : ce fut le second jour. 9 Dieu dit : Que les eaux qui sont au-dessous du ciel se rassemblent en un seul lieu, et que le sec paraisse. Et cela fut ainsi. 10 Dieu appela le sec terre, et il appela l'amas des eaux mers. Dieu vit que cela était bon. 11 Puis Dieu dit : Que la terre produise de la verdure, de l'herbe portant de la semence, des arbres fruitiers donnant du fruit selon leur espèce et ayant en eux leur semence sur la terre. Et cela fut ainsi. 12 La terre produisit de la verdure, de l'herbe portant de la semence selon son espèce, et des arbres donnant du fruit et ayant en eux leur semence selon leur espèce. Dieu vit que cela était bon. 13 Ainsi, il y eut un soir, et il y eut un matin : ce fut le troisième jour. 14 Dieu dit : Qu'il y ait des luminaires dans l'étendue du ciel, pour séparer le jour d'avec la nuit ; que ce soient des signes pour marquer les époques, les jours et les années ; 15 et qu'ils servent de luminaires dans l'étendue du ciel, pour éclairer la terre. Et cela fut ainsi. 16 Dieu fit les deux grands luminaires, le plus grand luminaire pour présider au jour, et le plus petit luminaire pour présider à la nuit ; il fit aussi les étoiles. 17 Dieu les plaça dans l'étendue du ciel, pour éclairer la terre, 18 pour présider au jour et à la nuit, et pour séparer la lumière d'avec les ténèbres. Dieu vit que cela était bon. 19 Ainsi, il y eut un soir, et il y eut un matin : ce fut le quatrième jour. 20 Dieu dit : Que les eaux produisent en abondance des animaux vivants, et que des oiseaux volent sur la terre vers l'étendue du ciel. 21 Dieu créa les grands poissons et tous les animaux vivants qui se meuvent, et que les eaux produisirent en abondance selon leur espèce ; il créa aussi tout oiseau ailé selon son espèce. Dieu vit que cela était bon. 22 Dieu les bénit, en disant : Soyez féconds, multipliez, et remplissez les eaux des mers ; et que les oiseaux multiplient sur la terre. 23 Ainsi, il y eut un soir, et il y eut un matin : ce fut le cinquième jour. 24 Dieu dit : Que la terre produise des animaux vivants selon leur espèce, du bétail, des reptiles et des animaux terrestres, selon leur espèce. Et cela fut ainsi. 25 Dieu fit les animaux de la terre selon leur espèce, le bétail selon son espèce, et tous les reptiles de la terre selon leur espèce. Dieu vit que cela était bon. 26 Puis Dieu dit : Faisons l'homme à notre image, selon notre ressemblance, et qu'il domine sur les poissons de la mer, sur les oiseaux du ciel, sur le bétail, sur toute la terre, et sur tous les reptiles qui rampent sur la terre. 27 Dieu créa l'homme à son image, il le créa à l'image de Dieu, il créa l'homme et la femme. 28 Dieu les bénit, et Dieu leur dit : Soyez féconds, multipliez, remplissez la terre, et l'assujettissez ; et dominez sur les poissons de la mer, sur les oiseaux du ciel, et sur tout animal qui se meut sur la terre. 29 Et Dieu dit : Voici, je vous donne toute herbe portant de la semence et qui est à la surface de toute la terre, et tout arbre ayant en lui du fruit d'arbre et portant de la semence : ce sera votre nourriture. 30 Et à tout animal de la terre, à tout oiseau du ciel, et à tout ce qui se meut sur la terre, ayant en soi un souffle de vie, je donne toute herbe verte pour nourriture. Et cela fut ainsi. 31 Dieu vit tout ce qu'il avait fait et voici, cela était très bon. Ainsi, il y eut un soir, et il y eut un matin : ce fut le sixième jour ».

C'est à partir de cette portion de la Parole de Dieu que débute en réalité le fond de notre thématique.

Le texte de Genèse 1 débute par un mystère qui se prolonge jusqu'au deuxième chapitre du livre ; il s'agit du mot : « commencement ». La majorité de gens le comprend au sens du point de départ chronologique, perception qui s'éloigne de la logique de son auteur au regard de son style difficile à saisir, aussi celui de tous les auteurs de la Bible ; obéit à la règle des Paroles (écrits) qui se répètent avec possibilité d'être représentées par des corps matériels ou immatériels. Pour raison de conformité avec la logique du texte, nous débutons notre développement du mot commencement par le v.6 à 10. Pour la seconde fois l'auteur du récit de la création explique ce qu'il entend par un monde créé au commencement. Il n'y a pas de difficulté de voir avec l'apôtre Pierre dans sa seconde épitre au chapitre 3 : 5, que l'eau est le premier (origine) élément du processus de la création qui aboutit à la formation du ciel et de la terre dont parle Genèse 1 :1.

L'étendue fait par Dieu entre les eaux au-dessous et les eaux au- dessus, est un mot qui traduit sa Parole que l'on voit à la base de la division en deux des eaux sur lesquelles l'énergie créatrice s'applique. Sans doute, le v .6 montre la signification de ses mots pour la seconde fois au v.7. Dans les deux versets, on peut saisir le sens profond du verbe créer employer au v.1 et expliqué jusqu'au v.5. Il y a en fait trois verbes révélateurs de la pensée de celui qui a rédigé le texte de Genèse 1 ; mots qui traduisent avec précaution les actes posés par Dieu dans ce que l'Écriture appelle la création ; il s'agit de : créer ; dire et faire. Entre les trois verbes, du 6ème au 10ème verset, le texte nous renseigne sur la façon que Dieu organisa le monde, qui est la compréhension qui parait juste et qui les interprète suivant la structure du texte ; car c'est la Parole qui pose l'acte et qui le désigne comme tel. Autrement dit, la Parole se révèle au moyen des éléments de la nature pour montrer la manière à laquelle elle est organisée en elle-même. On peut le voir, l'étendue qui sépare les eaux, est la Parole de Dieu qui nomme la désunion voulue entre elles ; et l'étendue créée au v.8, Dieu l'appelle : le ciel, au second jour. L'expression « deuxième jours » signifie, l'idée d'un monde venant de l'eau (premier principe de la création) ; se répète pour la seconde fois en des termes qui paraissent opposés. Le ciel et la terre désignent respectivement par figuration, la Parole de Dieu qui se manifeste par la démarcation entre les eaux au v.7 en vue d'y mettre de l'ordre en indiquant précisément la place qu'occupe chacune des éléments qui la symbolise. L'ordre ainsi établi entre les éléments de la nature qui symbolisent la Parole, part comme on le voir depuis : le ciel ; la terre et l'eau.

Nous remarquons, au 2ème jour au v.10, la terre n'est pas jusque-là ornée de la verdure et « il ne pleuvait pas encore pour la faire germer » pour emprunter l'expression de la Bible. C'est ce à quoi pensait l'auteur de Genèse 2 à son 4ème verset en parlant « des origines des cieux et de la terre » que nous voyons être les dix premières Paroles de Genèse 1 renfermant trois actes : ceux de séparer ; hiérarchiser et rassembler les eaux pour le but auquel elles sont destinées que Dieu jugea atteindre son objectif au 10ème verset ; il « vit que cela était bon ». Il y a relation entre les cinq versets, de 6 à 10 qui font état d'un ciel et d'une terre définitivement arrivées au point où le voulait ; et le v.1 qui n'affirme que ce qui a été clairement expliqué au sujet de leur formation. L'origine du ciel et de la terre sont donc les dix Paroles de Dieux dites en deux groupes de cinq Paroles en des termes qui semblent éloignés les uns des autres.

On voit au v.2, l'action de la Parole agir sur les eaux comme aux précédents versets pour produire la lumière au v.3. Cette dernière est en elle-même l'élément séparateur d'avec les ténèbres ; raison pour laquelle le Créateur apprécia la lumière par sa nature à faire seule le travail de rendre distincts le jour et la nuit qui cohabitaient dans les ténèbres selon l'Écriture. Rapprochant les v.6 à 10 et le v.3

à 4, on peut le voir, « l'étendue » mise entre les eaux au-dessus et celles au-dessous, est bien la Parole qui la désigna comme telle dans le but de les séparer. Elle est également là même nomma la lumière pour éloigner le jour et la nuit. La lumière, faisant la démarcation au v.4, entre elle et les ténèbres, est une façon de montrer nettement à nos yeux que Dieu, est cette lumière ou sa Parole dite au v.3 pour la faire apparaitre, jugée bonne pour l'avoir fait de par son essence.

Parce que le texte de Genèse 1 s'articule autour de la Parole de Dieu dans ses aspects cachés ; représenté par l'eau, que l'auteur de Genèse 1 désigne secrètement du nom de : « commencement » ou premier principe de la création du ciel et de la terre ; qu'il parle du premier jour employant le langage du mystère.

On peut alors comprendre que les ténèbres et la lumière dont il est question au v.3 et 4, correspondent pour les premières à l'aspect inconnu et invisible de la Parole de Dieu ; et pour la seconde, à son côté manifesté à l'humanité en des termes qui conviennent à notre entendement, relatif aux écrits inspirés de la Bible. La première forme de la Parole dont nous faisons référence, n'a pas été créé, c'est les eaux primordiales du v.2 ; tandis que la forme lumineuse ou révélée de la Parole (écrite) qui est matière porta à un moment de l'histoire le corps humain ; elle est la lumière qui, « en venant dans le monde éclaire tout homme » (Jean 1 : 8).

L'équivalence que nous établissons entre la Parole (eau) qui est aussi lumière, nous renvoie à l'ordre définitif des éléments de la nature de deux premiers jours (qui est un langage figuré) qui symbolisent la Parole de Dieu, est établi comme suit : Ténèbres ; lumière ; ciel ; terre et l'eau. Ceci signifie, la Parole dans sa plénitude, est faite de deux facettes : l'une qu'on ne peut comprendre par l'intelligence humaine, qui est l'objet de cet ouvrage ; et l'autre intelligible. Remarquons, dans la liste des choses qui prennent la place de la Parole dans le récit de la création ; l'eau, la dernière unité de la nature, est la seule qui figure de manière plus accomplie la Parole ; et nous aide à expliquer avec les nombres qui la (eau) représentent, le sens de cette histoire comprise en la personne du Jésus, le Christ.

L'eau, étant la dernière dans l'ordre des choses, elle est par contre l'origine de toute chose au même titre que l'homme crée le dernier jour (selon l'Écriture) à qui revient la suprématie sur toute la création ; qui est aussi la Parole de Dieu que nous représentons par l'eau. La Parole de Dieu étant indissociable à l'eau, il y a possibilité d'étudier sa composition en vue de bien capter le message profond de

Genèse 1. Les anciens pensaient que l'eau était un élément chimique. Mais avec Lavoisier (1743-1794), le chimiste français découvrit pour la première fois, que l'eau était un corps formé de deux éléments : l'oxygène et l'hydrogène. Depuis, il est connu que l'eau est bipolaire, représente parfaitement la nature de la Parole, comme l'eau formée de deux atomes d'hydrogène et un atome d'oxygène ; tous deux s'attirent mutuellement car l'oxygène est chargé négativement et l'hydrogène, positivement chargé. « C'est cette différence de charge électrique que l'on nomme dipôle ».

Ce trait de l'eau nous fait comprendre la forte relation qui existe entre les deux aspects de la Parole, notamment : le visible que l'on retrouve dans la Parole écrite avec les caractères alphabétiques accessibles au grand public ; et son côté secret réservé à un petit nombre composé avec les caractères numériques. Autant Jésus avait deux natures : divine et humaine, de même l'Écriture se présente sous ces deux côtés de sa personne. Réalité que nous avions abordée dans les paragraphes qui suivent. On peut parler donc de l'eau à la place de la Parole pour tenter de comprendre un peu plus ce qu'est la Parole de Dieu. La Parole comme l'eau, s'écrit par la formule chimique : H_2O, composée de deux atomes d'hydrogène et d'un atome d'oxygène ; deux éléments chimiques appartenant respectivement au groupe 1 et groupe 16, d'un tableau dit : périodique des éléments chimiques rangés d'après leurs propriétés chimiques et physiques et leurs numéros atomiques croissants. Nous fondons notre explication de Genèse 1 sur les deux adjectifs ordinaux (1 et 16) du 1ergroupe et 16ème groupes d'éléments chimiques, car la série de 7 jours de la création est en rapport avec un ordre secret qui règne dans la Parole que nous cherchons à montrer. Le nombre 1 et 16, symboles que nous utilisons pour la suite de notre travail comme les valeurs représentatives de la Parole qui était au commencement L'ordre entre les eaux explique le rang et la charge électrique qu'occupent l'atome d'hydrogène chargé positivement et l'atome d'oxygène, négativement chargé dans une molécule d'eau.

Quant à la lumière que nous affirmons être la Parole de Dieu, les anciens la vénéraient et appelaient « le Soleil, dieu de la lumière, source de vie et de sécurité. Depuis l'émergence du questionnement rationnel, nous questionnons maintenant la nature physique de ce phénomène. Mais qu'est- ce que la lumière ? » (Www.astro-canada.ca/lumière). Malheureusement ceux qui croient aux écrits inspirés de la Bible (la vraie source du savoir), se plaisent de rester à l'antiquité et dans la vénération de la lumière en la personne de Jésus, en lieu et place de chercher à comprendre ce qu'il est vraiment d'après les affirmations de l'Écriture.

La science a découvert que la « lumière est une forme d'énergie produite par la matière ».

Pour comprendre comment elle est générée, il faut examiner les constituants même de la matière, c'est-à-dire les atomes ». Ceux qui ont appris un peu de chimie peuvent se souvenir que les atomes, par définition, « sont les constituants élémentaires de toutes les substances solides, liquides ou gazeuses » Et que « les propriétés physiques et chimiques de ces substances sont déterminées par les atomes qui les constituent » (www.astrocanada.ca/lumière). Or, l'eau, (que nous comparons à la Parole de Dieu) formée de deux atomes d'hydrogène portant une charge positive et d'un atome d'oxygène de charge négative ; cette différence de charge électrique fait que nous la considérons telle la source de l'énergie créatrice ; c'est pourquoi elle était avant la création ou au commencement des choses créées et loin d'être une matière.

L'Écriture parlant de l'eau et la lumière comme s'il s'agissait dans leur sens propre ; cela en vue de cacher le lien qui existe entre la Parole écrite et son aspect obscur inaccessible aux hommes, que nous expliquons au moyen des notions connues relatives à l'eau comme matière organique. À l'œil nul, on ne peut pas voir les deux atomes qui constituent l'eau, plutôt sa masse qui est visible ; de même il est impossible, sans la révélation de l'Esprit de Jésus de voir et de comprendre le côté caché de la Parole de Dieu qui fait l'objet de la création. La Parole, en tant qu'Être spirituel et le point central du récit de la création de Genèse 1 ; elle est en même temps : un corps immatériel et matière. Sont là, les deux natures de la Parole de Dieu ; la seconde, en rapport avec de l'Ancien et du Nouveau Testament « qui rendent témoignage de » Jésus en tant qu'humain ; écrits auxquels tous peuvent avoir droit de les commenter comme on le pense de nos jours (Jean : 39). Par contre, la partie spirituelle de la Parole, est invisible à l'œil humain (c'est d'elle que parlent les textes bibliques) et sujet principal de notre travail.

Nous cherchons à montrer que les dix versets de Genèse 1, sont deux manières toutes différentes de parler d'un monde provenant des eaux ; et que cela ne doit pas être la finalité de la pensée de son auteur qui transmit plutôt un message d'un plus haut degré de la spiritualité de la Parole de Dieu. Car on sait que l'univers et tout ce qu'on voit, ne proviennent pas des choses visibles ou de la matière ; ce qui impose une relecture du récit de la création que nous proposons dans cet ouvrage.

Les nombres 1 et 16, du 1er groupe et 16ème groupe représentant la Parole ou l'eau du commencement nous permettent de former la première suite des valeurs symboliques de la Parole, milieu d'où vient le monde ordonné tel qu'il est décrit dans Genèse 1.

Il y a ici l'idée de cohabitation de deux expressions de la Parole en une seule et unique exprimant la pensée de Dieu .Ceci nous permet de former la première suite cohérente des nombres qui représentent l'eau symbolisant la Parole de Dieu, milieu d'où vient tout ce qui existe dans le monde ordonné, à savoir : 1, 2, 3, 4, 5, 6, 7, 8, 9, 10, 11, 12, 13, 14, 15 et 16. On sait que la Parole est double, le recours à l'énoncé de la Parole en rapport avec l'eau s'impose en vue de trouver l'autre partie numérique qui les représente. Le v.6 de Genèse 1 définit deux opérations arithmétiques secrètes à effectuer indiquant de séparer les 16 nombres qui sont des eaux, c'est-à-dire de soustraire le1 au 16. Le -15 sera le nombre des caractères numériques en-dessous des 16 autres. C'était la première opération arithmétique édictée dans le v.6; la seconde, est l'addition, que nous reconnaissons par le pluriel des eaux (1+16) pour savoir le nombre qui va débuter la dernière série des nombres de la Parole. Cette valeur va de 17, jusqu'au 15ème de la première suite des nombres. Le v.7, quant à lui, n'est qu'une lecture de l'opération réalisée pour avoir deux ensembles des 31 nombres séparés en 2 représentant la Parole créatrice.

1	2	3	4	5	6	7	8	9	10	11	12	13	14	15	16

17	18	19	20	21	22	23	24	25	26	27	28	29	30	31	

Le blanc entre les deux ensembles de nombres, c'est l'étendue entre les eaux.

Au v.8, le ciel est ici les deux groupes des 31 nombres (1à 16 et 17 à 31) ; également appelés chacun pour sa part : le soir et le matin ou le premier jour, symboliquement la Parole créatrice qui était au commencement de l'univers, composée en deux de ses éléments. Parce que qu'il s'agit du caractère double de la Parole de Dieu, le commencement ou le premier jour de la création ; c'est pourquoi l'auteur de Genèse 1 parle par deux fois de la même Parole créatrice en deux styles différents. La première fois, il l'appelle : la lumière, intelligence ou source de la compréhension distincte des choses inintelligibles (...il y avait des ténèbres à la surface de l'abîme, ...), qui était le support du travail de la création de Dieu. L'Écriture a donné à cette intelligence (Parole de Dieu) le nom de "jour". L'expression : « premier jour », signifie : premier élément qui entre dans la composition de la Parole. Parlant de la Parole de Dieu, Salomon dit : « L'Éternel m'a créée la première de ses œuvres, avant ses œuvres les plus anciennes. J'ai été établie depuis l'éternité. Dès le commencement, avant l'origine de la terre » ; car elle peut prendre la place de l'eau, comme une véritable subsistance formée de l'atome d'hydrogène, son premier élément chimique avant l'oxygène dans sa composition, avec lesquels atomes par les valeurs de leurs classes, Dieu façonna un système de nombres que Moïse appelle : « l'univers ». Proverbe 8 :22-23. La seconde fois, l'auteur du récit désigne la Parole du nom de l'eau pour montrer qu'elle est (Parole) deux choses en elle-même capable de se diviser comme telle.

À ce niveau d'étude, l'énoncé du v.9 devient facile pour comprendre comment se présente la Parole dans sa version numérique sur laquelle est composée toute l'Écrit inspiré. La locution adverbiale "au- dessous" sous-entend les caractères numériques qui symbolisent la Parole de Dieu les eaux, au nombre de 16 situés en haut de 15 autres se trouvant en bas des premiers. Le v.9 prescrit d'additionner la somme de ces deux groupes de nombres (16 +15) et ensuite additionner 31, la somme obtenue au chiffre 1 (31+1), pour avoir 32. L'addition 31+1 se justifie du fait que, qu'en parlant des eaux en-dessous de l'étendue, l'Écriture fait bien sûr référence au 15 nombres allant de 17 à 31 qui s'ajoutent au 16 qui sont au- dessus de l'étendue. Car l'unique endroit (1) où doivent s'assemblées les eaux en-dessous de l'étendue se trouve parmi les eaux au-dessus de l'étendue. Raison pour laquelle nous nous permettons de représenter arithmétiquement le v.9 par les termes de l'addition 31+1. La somme 32, est donc l'appellation chiffrée du « sec » apparu au v.9 et désigné du nom de « terre » au v.10. On continue l'opération, le 32 +31= 63 ; on aura ensuite 63+31=94 ; enfin 94 +31=125. Sont là, les 5 façons différentes de dire une même Parole portant le nombre 1. Les derniers 5 nombres identiques : 17 +31= 48 ; 48+31=79 ; 79+31=110 ; 110+31=141. La même est faite pour tous les 29 nombres restants jusqu'avoir un système de valeurs en deux groupes de 80 et 75. Remarquons, ce que l'auteur de Genèse 1 appelle le « sec », sont 124 nombres qui se trouvent en-dessous de deux groupes de valeurs numérique faisant 31 en tout figurant les eaux d'où sont apparus le ciel et la terre.

Le tableau complet se présente comme suit :

Tableau : aspect chiffré de la Parole de Dieu

1	2	3	4	5	6	7	8	9	10	11	12	13	14	15	16
32	33	34	35	36	37	38	39	40	41	42	43	44	45	46	47
63	64	65	66	67	68	69	70	71	72	73	74	75	76	77	78
94	95	96	97	98	99	100	101	102	103	104	105	106	107	108	109
125	126	127	128	129	130	131	132	133	134	135	136	137	138	139	140
17	18	19	20	21	22	23	24	25	26	27	28	29	30	31	
48	49	50	51	52	53	54	55	56	57	58	59	60	61	62	
79	80	81	82	83	84	85	86	87	88	89	90	91	92	93	
110	111	112	113	114	115	116	117	118	119	120	121	122	123	124	
141	142	143	144	145	146	147	148	149	150	151	152	153	154	155	

Cela veut dire, la Parole du nombre 1 s'exprime cinq fois jusqu'à 125 ; et celle de 17 s'écrit également 5 fois de façon distincte de 17 à 141. Cela veut dire, la Parole du nombre 1 s'écrit 10 fois ou encore elle s'écrit deux fois dans la valeur 17.

Ces 155 (cent cinquante-cinq) nombres réunis, sont une forme définitive de la Parole de Dieu dans son aspect spirituel que Noé rendue visible et compréhensible à l'aide de son l'arche qui la symbolise. Rappelons, le savoir-faire secret que nul ne pouvait découvrir, révélé à Noé telle la grâce de Dieu que nous avions représentée par deux fractions à savoir : 16/15 ou la valeur représentative du plan architectural de son arche et l'égalité : 8/30 = 4/15, notion développée au chapitre I.

Remarquons, ces deux informations cachées du plan architectural de l'arche (la Parole de Dieu dans son aspect originel) révélé à Noé en relation avec la structure de l'arche dans Genèse 6 :15-16, notamment : le rapport 8/30 = 4/15, elles (informations cachées) sont une forme abrégée et annonciatrice de huit nombres divisés en deux groupes de seize-premiers et de ceux quinze autres comme cela se voit à l'œil nu sur le système de nombres figurant la Parole de Dieu sous son aspect spirituel. Le système de nombres tiré du récit de la création est la forme chiffrée de la Parole de Dieu figurée par l'arche de Noé dont les dimensions telles que révélées dans Genèse 6 : 15-16 que nous comprenons comme description littéraire et abrégée de ces nombres arrangés dans un ordre croissant dans toutes ses directions. Les 300 coudées de longueurs, 50 coudées de largeurs et 30 coudées de hauteurs ; ces trois mesures de l'arche de Noé travaillées et converties, nous donnent deux fractions égales figurant l'œuvre de Noé, notées : 8/ 30 = 4/15. En vertu de la loi des proportions qui stipule : le produit des extrêmes est égal au produit des moyens, on a : 8 x15 = 4 x 30 =120. C'est la somme totale de valeurs qui composent la Parole de Dieu dans sa version originale, formée de deux groupes identiques de 15 éléments de chacun, comme on peut le constater dans la matrice. Elle est (système dénombres) la clé des énigmes relatives à des questions exigeant la mesure des choses notamment le temps et l'espace.

Ce système des nombres, est l'un de deux aspects de la Parole qui cache une partie de la vérité de la Parole écrite ; celle-ci étant rédigée sur base de ce système des nombres. Sur ce tableau, pour bien saisir ce qu'est la terre dans la pensée de l'auteur du récit de la création, il suffit de constater que le résultat obtenu des opérations arithmétiques des 10 premiers versets est certainement cet homme crée au $6^{\text{ème}}$ jour et la finalité de la création. La terre est l'appellation figurée de la Parole, qui est un « homme ». Dans le tableau des nombres, la Parole avec sa valeur 10, vaut par conséquent celle de la valeur 26 en raison de la signification de leurs mots qui s'inter changent en gardant leur pensée non changée. C'est pourquoi on peut voir le nombre 26 occupé le $6^{\text{ème}}$ rang sur la $10^{\text{ème}}$ colonne de la Parole écrite en caractères numériques ; signifiant ainsi, que l'homme dont parle Genèse 1, est l'appellation de la Parole sous sa forme humaine. Quand Dieu au v.26 : « Faisons l'homme à notre image, selon notre ressemble, et qu'il domine sur les poissons de la mer, sur les oiseaux du ciel, sur le bétail, sur toute la terre, et sur tous les reptiles qui rampent sur la terre » ; il se réfère aux 10 premiers versets de Genèse 1 ou à la $10^{\text{ème}}$ partie du texte de la création qui a produit le tableau des nombres. Au regard de la structure du v.26, le compositeur du récit place l'homme formé le dernier jour de la création sur l'échelle la plus relevée de l'importance des choses créés ; selon qu'il est écrit : « Le Fils est l'image du Dieu invisible, le premier- né de toute la création. Car en lui ont été créées toutes les choses... » Colossiens1 :15-16. Ceci veut dire : l'homme du 6ème jour, est la Parole dans sa version spirituelle ou numérique, il est aussi ce qu'on appelle dans le langage secret : le « commencement ». Ce qui nous permet en accord avec le compositeur du récit de dire que la Parole ayant pour valeur 10 se fait connaitre depuis le v.1 en 6 discours différents parlant et tournant autour d'elle- même. Plus de renseignement à ce sujet au chapitre 5.

Déjà au v.9, la terre vient de la réunion des eaux en-dessous de l'étendue, ce qui explique qu'au v.26, Dieu (les eaux) est présenté comme le pluriel de lui-même, desquels est sorti l'homme, qui lui est inférieur étant son image ou sa représentation. La terre sortant des eaux, l'homme vient lui aussi de ces mêmes eaux que l'auteur du récit symbolise par la Parole ou Dieu qui est pluriel. Raison pour laquelle le nombre 26 occupe la 6ème place dans la colonne 10, et cela pour montrer de façon différente l'idée celui qui est le dernier dans l'ordre des choses est bien le plus grand, notion développée dans la liste ascendante de la généalogie de Jésus dans Matthieu 1 :1. Cette brève histoire de l'origine de Jésus, écrite avec les noms de ses ancêtres, était l'accomplissement ou autre manière de traduire l'idée de la domination de l'homme créé à la fin du travail de Dieu fait avec une certaine logique, lorsque l'évangéliste dit : « Généalogie de Jésus-Christ, fils de David, fils d'Abraham ». C'est la pensée de celui qui occupe le dernier rang qui vient à se placer plus haut dans l'ordre des choses vu au v.26 de Genèse 1, qui est son résumé ou l'idée maîtresse du récit de la création que nous avions dit être le système de nombres issu des 10 premiers versets de Genèse 1, qui est également le commencement du v.1 de Genèse 1 reproduit dix fois. Ce qui vient d'être dit, ce que l'on voit dans le système des nombres (la Parole en chiffres) : la valeur 10 est l'équivalente de la valeur 26 en vertu du principe du caractère double de la Parole de Dieu. Cela veut, une Parole de Dieu se dit plusieurs fois en des mots variés. L'homme est donc l'origine, le commencement ou encore le thème du récit de la création : Jésus-Christ, l'homme, et Parole de Dieu que l'Écriture voit comme les eaux (1,16), les éléments abstraits d'où est tiré l'univers, le nom symbolique de la Parole dans son aspect spirituel, représentée par un système des 155 nombres.

À partir des dix premiers versets de Genèse 1, nous indiquons que les vingt et un (21) restants ne sont que des répétitions deux à deux en termes différents de la manière dont la Parole de Dieu version chiffrée est organisée d'après le principe du caractère double de la Parole par quoi l'Écriture dévoile la logique de sa communication.

Le v.11, est une suite des différentes manières de désigner la Parole qui est double en elle appelée : les « mers et la terre » depuis le v.10. La Parole dans version spirituelle écrite en nombres est : « l'herbe portant la semence » selon qu'il est dit : « toute chair est comme l'herbe, ». (Ésaïe 40 : 6). L'herbe portant la semence est cet homme spirituel qui est notre système de nombres crée au 6ème jour, il était à côté de la femme. (Genèse 1 : 27). Ceci pour dire, toute l'Écriture, en particulier Genèse 1 vient après la Parole de Dieu dans l'ordre des choses qui la compose ; la Parole étant plurielle en elle-même. Ainsi « la terre » qui produit « l'herbe portant la semence » au v.11, l'auteur de Genèse 1 l'appelle au v.27 du nom de Dieu, la source de l'existence de l'homme à son image, reproduisant par conséquent la même pensée du v.11 en des termes différents, l'idée « des arbres fruitiers donnant du fruit selon leur espèce ». On peut alors comprendre que la verdure portant la semence est la première appellation de l'homme, d'une partie de son corps ou la semence duquel est sortie la femme, l'image de l'Écriture.

Pour signifier que l'homme (image de la Parole) est un être spirituel double en lui-même ; c'est pourquoi il y a répétion du terme l'homme créé à l'image de Dieu, « il le créa à l'image de Dieu, il créa l'homme et la femme ». v.27. Le v.11 est dit donc pour la seconde fois au v.27 avec des termes qui se substituent et forment une pensée qui ne semble pas être la même au v.11 en soulignant de ce fait le caractère double de la Parole. Le Dieu qui parle et agit, est en même temps la Parole et les images qui la représentent ; cette Parole s'organise pour elle, par elle et autour d'elle-même dans le récit de la création, selon que Jean l'évangéliste dit : « Toutes choses ont été faites par elle, et rien de ce qui existe n'a été fait sans elle » 1 :1. À la lumière de ce qui est dit, Jean parle de la Parole, tel le sujet principal du récit de la création, mais l'esprit qui lit cette citation seule avec la lumière de ses yeux verra dans la Parole comme l'actrice de la création au sens strict du récit et tomberait dans l'erreur de la séparée de ses créatures. Il y a lieu de comprendre Dieu (Parole) ici, à la fois comme l'acteur et les éléments de la nature qui le représentent cela au nom du principe du caractère double de la Parole.

Le v.12 est une conséquence dépendant du souhait de Dieu au v.11 de voir la terre couverte de la verdure. Il y a trois idées sur lesquelles on peut voir la Parole du v.12 se reproduire dans un autre langage au nom du caractère double de la Parole

: -la suite d'un acte réfléchi ; -la fertilité ; -la bonne manière d'être. Ces trois véhicules de l'esprit de la Parole du v.12 transporté dans le v.28 se laissent voir lorsque Dieu bénit l'homme et la femme ; car créés à son image, il est pluriel en lui-même et peut sortir un de son Être pour devenir visible. C'est pourquoi Dieu leur dit : « soyez féconds, multipliez, remplissez la terre, », étant lui-même fécond en rendant productive la terre par sa Parole » pour ainsi répéter dans un style différent la Parole du v.11. Jugée conforme à l'attente de Dieu la qualité de la production de la terre à germer la verdure à sa surface au v.12 ; l'idée se répète dans une autre façon de dire la volonté de Dieu au v.28. La terre qui produit, dépendant du désir de Dieu ; c'est la Parole ou le créateur duquel sortent l'homme et la femme au v.27 dit aussi : « les arbres fruitiers » germant de la terre au v.12. Il n'y a pas de difficulté quand l'auteur de la création assimile le concept Dieu au terme « terre », car le créateur est l'acteur principal de la narration en même temps l'élément la nature qui le représente et qui produit comme lui dans la réalité des êtres qui la ressemble. Ce qui explique la dualité de la Parole dont nous ne cessons de parle telle la notion de base de la compréhension de la création de Genèse 1 et 2. Il convient de souligner que le produit de la terre est appelé à être soumit comme conséquence de la dépendance du v.12 à la Parole du v.11 qui l'engendre ; d'où vient par analogie au v.28 l'idée de « l'homme crée à la ressemblance de Dieu ». Ceci pour parler de manière figurée de l'état de l'Écriture, qui par sa nature est liée au premier aspect de la Parole qui est spirituel et invisible aux yeux humains écrite en caractères numériques.

Quant au v.13 et v.29 formant qu'une seule Parole exprimée de façon non semblable l'une de l'autre ; la première est composée sur la précédente du v.11, celle-ci rédigée pour la deuxième fois avec les mêmes mots au v.12. Les Paroles du v.11, v.12 et v.13 mises ensemble constituent pour l'auteur du récit, le 3ème jour ou la 3ème étape de son explication sur la notion de la dualité de la Parole consistant à la désignation des éléments de sa structure littéraire. La première étant l'étape de la symbolisation des eaux (Parole) en valeurs numériques de 1 à16 (v.1-5) ; la seconde, faite des opérations arithmétiques qui produisent les deux ensembles de : 1 à 16 et 17 à 31(v.6 -10). La troisième, est celle où l'auteur de Genèse1 fait connaitre ce que lui, dans son esprit appelle les résultats des opérations arithmétiques effectuées entre les 16 et les 15 nombres. De 63 à 78 et 79 à 93, sont « le sec » ou la terre provenant de la réunion des eaux au-dessous de ciel. Les eaux au-dessus du ciel ayant été mises dans le non-dit, étant évidentes. Ici, l'idée donc de la terre comme on peut la remarquer renvoie à quelque chose qui est deux en elle-même et de natures opposées, raison pour laquelle depuis le v.11-v.13, les arbres fruitiers, sortant de la terre, sont désignés par, l'homme et la femme ; différents par leur nature mais semblables par l'idée qui les unit. En effet, l'homme et la femme sont des noms de deux aspects de la Parole dont le premier est caché (homme), il correspond à notre système de nombres, et le second, la personnification de la Parole écrite dans la Bible (femme), qui est soumise à la Parole écrite en caractères numériques. Quand l'apôtre Paul dans l'épitre aux corinthiens parle du silence que doit garder la femme dans « les assemblées », il fait référence à l'Écriture qui est la femme soumise à la Parole dans sa version originelle de quelle procède la Parole écrite dans le langage des hommes. L'ordre du Seigneur est que sa Parole écrite en caractères alphabétiques ou l'Écrit inspiré (femme) ne doit pas laisser accès à la pensée de l'Esprit, autrement dit : « ...que les femmes se taisent dans les assemblées, car il ne leur est pas permis d'y parler ; ». La lettre de 1Corinthiens 14 : 34-36 est fondée sur la coutume juive aussi sur laquelle est écrite la pensée de Dieu au sujet du rapport existant entre l'homme et la femme dans les assemblées.

On retrouve au v.29 la même idée de la Parole du v.13 dite deux fois avec les mêmes termes, et la troisième fois elle change d'appellation sous d'autres concepts « les arbres fruitiers » par les noms, l'homme et la femme, deux appellations d'une idée commune réunies dans une seule Parole pour montrer avec force que le v.29 est une association de deux Paroles semblables dans l'esprit de l'auteur Genèse 1. Nous pouvons le voir, l'homme et la femme créés à l'image de Dieu au v.27, sont aussi auv.28, ceux qui sont féconds et capables de devenir un seul être en se reproduisant tout en étant deux êtres différemment constitués comme la Parole. Au v.29, c'est encore pour la troisième fois dès le v.27, l'homme et la femme dont on parle qui changent de nom pour devenir les êtres consommateurs des herbes, car la Parole qui est ici symboliquement les êtres humains, est la nourriture de l'esprit. Se référant à l'aspect visible de la Parole (l'Écriture) et à sa forme non visible (système de nombres), le v.14 associé à son expression doublée au v.30 ; au v.14, là débute la 4ème série de la symbolisation de la Parole par les éléments du ciel que l'auteur de Genèse 1 ne nomme pas de façon explicite. C'est sans doute le soleil et la lune dont il est question ici, comparables à la Parole de par leurs rôles : d'éclairer, dit le psalmiste : « Ta Parole est une lampe à mes pieds, et une lumière sur mon sentier » (119 :105) ; et celui de marquer les époques. On peut le voir quand Ésaïe dit s'adressant aux habitants de Jérusalem : « Ton soleil ne se couchera plus, Et ta lune ne s'obscurcira plus ; car l'Éternel sera ta lumière à toujours... » (60 :20). Jacob interprétant le songe du soleil, la lune et les onze étoiles qui se prosternaient devant Joseph son fils ; lui dit pour le signifier le symbolique de sa vision : Faut-il que nous venions, moi, ta mère et tes frères, nous prosterner en terre devant toi ? ». Genèse 37 :9-10. L'événement vu à l'avance par Joseph concernait un temps avenir que les astres lumineux indiquaient qui devait arriver. Le compositeur de la création se fondant sur le principe de la dualité de la Parole, ne s'est pas empêché d'après le langage biblique d'assimiler au v.14, le soleil et la lune à l'homme et la femme. La lumière de la lune provenant du soleil par réflexion autant la femme vient de l'homme avec ses caractères qui la différencient de l'homme qui est sa version originale. Genèse 1 :26-27. On peut le voir, les 5 versets s'étendant depuis le 14 jusqu'au 18 parlent de deux buts pour lesquels le soleil et la lune furent créées, à savoir : indiquer clairement la mesure du temps en alternant les jours et les nuits durant lesquelles se font les événements ; et enfin éclairer la terre. Au v.19, on voit les deux grands luminaires désignés de façon discrète par la durée du temps que chacun met pour éclairer la terre, dite : « le soir » pour la lune et le « le jour » pour le soleil. Nous le constatons, le discours sur les deux luminaires se fait en six Paroles ou versets que l'auteur du récit reproduit en six autres et dans un style propre aux écrivains bibliques avec des termes qui ne semblent pas et peu familiers à l'homme de notre époque, l'empêchent de discerner sa pensée. Les six façons variées de parler de deux rôles du soleil et de la lune, à savoir : l'alternance entre le jour et la nuit ; la notion de la mesure des mois et les années ; sont les six jours de la création de l'homme au v.26, qui est en fait (création) que les six manières de réfléchir et les deux opérations arithmétiques à effectuer conduisant à la formation de notre système de nombres ou l'aspect invisible de la Parole. Celle-ci étant appelée dans le langage secret du nom de « l'homme », d'où sortit l'Écrit inspiré, c'est la femme qui doit obéir à son mari, nous le rappelons. Les six jours sont donc six étapes du raisonnement qui conduisent à la formation de la Parole à l'origine des écrits de la Bible ; l'auteur de Genèse 1es appellent dans son langage chacun par le nom caché suivant : - le vide ou1es eaux à l'origine représentées par ses valeurs numériques qui sont des notions qui renvoient à rien de concret, car il n'y a pas encore jusque-là, la matière. Et ce néant, nous l'avions remplacé par le nombre, 1 et 16.

– les ténèbres, sont le manque de savoir de la finalité où peuvent nous amener ces deux nombres.

– la lumière, qui apparut quand Dieu l'ordonna, c'est la suite de 14 nombres complétés entre celui du premier rang qu'occupe l'hydrogène ; et la seizième place de l'oxygène dans le tableau périodique des éléments chimiques. Cela fait une série de 16 nombres croissants fournissent une idée précise de ce que sera la suite du raisonnement de l'auteur de la création. Jusqu'ici, c'est le 1er jour, l'acte fondateur pour parvenir à juger la pensée secrète du récit de la création.

– Le ciel, c'est la Parole qui sépare les 31 nombres en deux groupes de 16 et celui de 15, symboliquement appelés les eaux au-dessus et les eaux au-dessous de l'étendue que Dieu appelle le ciel. Observons, le 2ème jour, c'est les deux ensembles de nombres, produits du calcul des nombres rangés suivant les règles de l'arithmétique énoncées dans le v.8.

– La terre, est l'appellation secrète des sommes obtenues par l'addition de la valeur 31 à chacun de nombre de cet ensemble groupé en deux. L'amas des eaux par contre sont le groupe de 16 et de 15 nombres qui symbolisent la Parole de Dieu qui se révèle au moyen des choses créés. Ces 6 étapes du raisonnement autour de la formation de l'aspect non visible de la Parole en 10 versets dans Genèse 1 :1-10, correspondent à ce que la Parole appelle : la création en 6 jours avec l'homme du 6ème jour comme le point de la plus parfaite représentation de la Parole, nous l'avions dit. La création est par conséquent la manifestation de la Parole que l'on attribue la valeur 10 qui s'exprime en 6 façons différentes. Cela veut dire, 10, le symbole de la Parole s'explique en se multipliant ou en augmentant le nombre de son premier discours à 6 fois en des termes variés. On voit également le 6ème jour s'étendre en 6 styles différents de parler de l'homme et la femme depuis le v.26-31 de Genèse 1 comme la fin du discours sur la dualité de la Parole. Comparant les deux aspects de la Parole en présence (Genèse1 et le système de nombres), nous voyons les 10 versets desquels est sortie la version numérique de la Parole ; la valeur 10 correspond au nombre 26. Ce qui signifie que l'homme crée au v.26 au 6ème jour est bien la personnification du décalogue ou les dix commandements de Dieu, qu'il est dit : « Dieu vit tout ce qu'il avait fait ; et voici, cela était très bon. Ainsi il eut un soir, et il y eut un matin ; ce fut le sixième jour ». La création est donc une figure de la Parole qui se manifeste en ses deux dimensions fortement opposées constituées de l'immatérielle qui se transforme en matière la seconde fois qu'elle s'exprime. En peu de mots pour ceux qui peuvent le voir au regard de la lumière proposée dans ce travail. Nous disons, la création est un discours sur la dualité de la Parole de Dieu, telle une connaissance sûre et vérifiable qui se fait connaitre de 3 manières variées.

La 1ère fois, comme un décalogue. Étymologiquement ce mot vient de deux mots du grec ancien : Déca et Logue. Le premier renvoi à l'idée d'un ensemble de 10 choses ou la 10ème chose de cet ensemble. Et logue : tel un discours. En relation avec Genèse 1, un décalogue signifie dans les deux sens du mot : texte fondé sur ses dix-premiers ou son 10ème verset comme nous venons de le montrer en sortant dans les écrits de Genèse 1 la Parole dans sa version originale sur laquelle ce chapitre a été composé. Le système de nombres est cet homme qui est à la ressemblance de Dieu, on le sait il est double : l'homme et la femme, les appellations personnifiées des 10 commandes écrites sur les deux tablettes de pierre qui sont ici les deux groupes de nombres constituant l'aspect non visible de la Parole créatrice. Le décalogue ayant été écrit du doit de Dieu sur deux tablettes de pierre, chacune portait 5 lois tel que se présente la Parole de Dieu dans sa version chiffrée dont parle Moise dans le livre du Deutéronome, il dit : « L'Éternel me donna les deux tables de pierre écrites du doigt de Dieu, et contenant toutes les Paroles que l'Éternel vous avait dites sur la montagne, du milieu du feu, le jour de l'assemblée ». (9 :10). La 1ère tablette, en rapport avec le 1er groupe de cinq nombres sur notre tableau, va de 1 à 125 ; la 2ème tablette, de 17 à 141. On peut comprendre que le récit de la création est un discours sur la version numérique de la Parole de Dieu que l'Écriture désigne de façon symbolique du nom de l'homme crée au 6ème jour. Si on se place sur la 10ème colonne de notre tableau, depuis ce nombre 10 jusqu'à 26, il y six nombres. Cette observation est une expression chiffrée de l'énoncé six versets de Genèse 1 allant du 26ème au 31ème verset. Cela pour montrer avec plus d'arguments que le récit de la création procède de notre système de nombres qui est la Parole de Dieu sous expression originale et que c'est un texte crypté.

- La 2ème fois on voit le récit de la création qui est un discours sur l'organisation de la Parole, se présenter sous son expression déguisée lorsqu'on peut regarder avec attention le v.14 s'étendre en 6 de ses portions jusqu'au v.19 parlant de la même idée du rôle de deux luminaires pour éclairer tour à tour la terre, le jour et la nuit. Ce style de discours en 6 Paroles semblables, sont en fait autres manières de faire connaitre ce que sont les 6 jours de la création. Sont six Paroles montrant la sphère d'influence et le rôle de chacun de 16 et 15 nombres qui forment la Parole de Dieu dans sa version originale que l'auteur de Genèse 1 appelle « les deux grands luminaires ». Ces nombres tel que l'affirme l'Écriture, servent à calculer le temps. Ils sont également « le matin et le soir » en raison de l'instant où chacun entre en jeu pour éclaire une autre Parole qu'il appelle la terre. Ces 6 étapes d'un même discours sur les luminaires, symboles de la Parole de

Dieu ; sont 6 jours qui couvrent tout le texte de l'histoire de la création que nous concevons comme le fait de revenir sans cesse sur les mêmes pensées en des mots variés dans l'esprit de celui qui a écrit Genèse 1.

- La 3ème fois, la finalité de l'histoire de la création qui est la Parole de Dieu dans son aspect spirituel se reproduit en six Paroles en des termes qui se croissent par analogie du v.20 au v.25 pour parler de la nature plurielle de la Parole. On voit la Parole être comparée aux animaux marins et terrestres au 5ème jour. Il y a donc dans les six jours de la création, 6 façons d'exprimer une même idée de la loi de Dieu par ces éléments de la nature groupées en 3 ensembles suivant les catégories des figures utilisées. Et ces 3 groupes pour finir, se reproduisent à leur tour au 3ème jour au v.11 à 13 comparant l'homme à la verdure en vertu du caractère double de la Parole de Dieu capable de devenir des corps matériels de toutes sortes pour nous enseigner.

L'homme du 6ème jour ou la Parole dans sa dimension humaine et le thème du récit de la création selon l'Écriture, elle se présente comme le chapitre 1 du livre de Genèse en 31 nombres chacun avec ses 10 valeurs qui les ressemblent. Ce trait distinctif de la Parole qui était à l'origine et qui vint dans le monde, l'évangéliste Matthieu le reprend dans la conception de sa liste descendante des ancêtres de Jésus comme le dernier annoncé de la postérité d'Abraham du v.1 à 16. L'évangéliste montrant le côté spirituel de la Parole qui fut à l'origine de l'univers également annoncé dans Genèse 1 ; Matthieu dit : « la généalogie de Jésus, fils de David, fils d'Abraham » : (1 :1). L'Écriture parle de celui qui était le dernier du récit de la création et qui devint ici le premier indiquant qu'il est avant son ancêtre Abraham. Le Christ est cet homme du 6ème jour porta la nature humaine et né à la 7ème période d'Achim depuis Abraham. Des noms retenus à des intervalles de temps égaux à savoir : Abraham - Aminadab – Salomon – Joram – Josias – Sadok – Achim - Le Christ. Cette remarque pour affirmer et rester en accord avec le texte de Genèse 2 :1-3 relatif au 7ème jour de la création qui est le symbolique de l'an 7 de notre ère.

L'évangéliste révéla l'année de la naissance de Jésus avant même que le débat ne s'anime autour de ce moment, malheureusement son message n'est pas saisi à cause peut- être des certains historiens qui qualifient d'incertitudes les données fournies par les évangélistes qu'ils ne parviennent pas à déchiffrer, étant écrites dans un langage auquel certains scientifiques ne sont pas habitués. L'expression « 7ème jour », est une prédiction de la naissance du Messie qui eut lieu en l'an 7, c'est le moment où Dieu se reposa de son œuvre qu'il avait faite. L'idée de cette Parole (du 7ème jour) est écrite dans son sens figuré pour signifier que, Dieu devenu humain en l'an 7 de notre ère, habita dans le corps de Jésus dans toute la plénitude de la sagesse et de son intelligence organisatrice de sa Parole telle qu'il l'a réalisé dans le récit de la création selon Colossiens 2 : 8- 9. La majorité des historiens retiennent comme la plus exacte époque de la naissance de Jésus entre l'an 7 et 6 de notre ère et à la fin du règne d'Hérode 1er le Grand mort en l'an 4 av. JC. S'il faut établir un rapprochement entre Genèse1 et la généalogie de Jésus ; nous craignons de nous répéter sur ce qui a été dit plusieurs fois. La Parole créatrice écrite en caractères numériques dans notre système des nombres ; apparu en chair et en os en 7 de notre ère que l'auteur du texte de la création représente par les eaux originelles. On sait que l'eau qui est une matière organique composée de l'hydrogène et de l'oxygène, respectivement l'atome du 1er et 16ème groupe sur le tableau périodique des éléments chimiques. Cette eau qui est le symbolique de la Parole de Dieu, se déplace sur ses 16 nombres ou du v.1 au v.16 de la généalogie de Jésus établie par l'évangéliste Matthieu comme les seize premiers nombres de la Parole dans sa version abstraite. Et du v.2 au v.16, 15 versets ou Paroles que nous voyons telles le groupe des quinze nombres formant avec les seize autres, le décalogue au centre du récit de la création.

L'auteur de Genèse 1 parlant dans un langage secret de l'avènement du Christ en chair, qui est la Parole originelle, cette vérité, après Siméon, Anne la prophétesse l'attesta elle aussi par ses Paroles rapportées dans Luc 2 :36-40, nous citons : « Il y avait aussi une prophétesse, Anne, fille de Phanuel, de la tribu d'Aser. Elle était fort avancée en âge, et elle avait vécu sept ans avec son mari depuis sa virginité. Restée veuve, et elle ne quittait pas le temple, et elle servait Dieu nuit et jour dans le jeûne et dans la prière... ». Partant de la signification de son nom, Anne est la "grâce ", la fille de celui qui se tient "devant Dieu" (Phanuel). Elle était de la famille des bénis (Aser), d'autres disent "bonheur". On sait qu'Aser fut le 8ème fils de Jacob avec Zilpa, la servante de Léa. Anne avait 84 ans quand Jésus fut présenté à Dieu, probablement le 8ème jour de sa naissance (Luc 2 :2123). L'auteur de l'histoire ne mentionne pas précisément ni l'année de l'événement que nous connaissons déjà, ni l'âge à laquelle Anne se maria, encore moins l'année du début et la fin de sa consécration. L'Écriture ne dit pas non plus combien dura son service dans le temple avant qu'elle n'ait vu l'enfant Jésus au temple. Sont là quatre problèmes à résoudre dans ce texte pour faire voir l'annonce de Genèse 1 s'accomplit dans cette histoire de la prophétesse Anne. Avec la Parole de Dieu écrite en valeur numériques sur laquelle est écrite l'histoire de l'enfant Jésus et la prophétesse, il y a possibilité d'apporter des réponses à ces questions. Deux points d'appui, sont : 7 ans de vie conjugale depuis son mariage et 84 ans d'âge. C'est ici que dois intervenir l'art d'interpréter les Écritures. Il est connu que l'enfant Jésus était l'homme annoncé à la fin des 6 jours de la création, par conséquent le nombre 6 et ses neuf autres nombres similaires, révèlent et traduisent en caractères numériques les vérités non dites dans l'expression littérales de la Parole relative à la version écrite de la brève histoire de Anne. Le nombre 6 est représentatif de la prophétesse Anne, on le voit porter 84, l'âge qu'elle avait au 8ème jour de la naissance du Messie. On peut le voit, l'âge de la prophétesse se situe exactement sur la 8ème position sur la 6ème colonne de la Parole de l'aspect cachée de la Parole. Le nombre 53 précède le 84 et placé au 7ème rang de ladite colonne. Ce qui veut dire, Anne avait 53 ans à la mort de son mari. La différence de 53 et 7 donnes 46 comme l'âge de la prophétesse à l'époque son mariage, étant vierge. Les époques des faits relatés mises sous silence, se calculent facilement lorsque l'on peut comprendre qu'entre les 53 années de la vie de Anne à la mort de son époux jusqu'à ses 84 ans, il s'écoulait 31 années qui correspondent aux 31 Paroles de Dieu prononcées pour créer le monde en 6 jours selon Genèse 1. Anne étant la réalité de la femme créée le 6ème dans Genèse 1 :27 : « Dieu créa l'homme à son image, il le créa à l'image de Dieu, il créa l'heure et la femme ». L'image de Dieu signifie, la transformation de la Parole dans son état invisible à un corps matériel portant tous les traits de cette Parole. Cette définition ne concerne pas seulement l'être humain plutôt toute la création, elle aussi est la Parole de Dieu à l'œuvre en multipliant sa puissance de révélation par six visiblement observable au 6ème jour. Ce que veut dire Genèse 1 :26 que nous avions dit être le point central de tout le récit de la création.

Les 7 créatures suivantes : le ciel, la terre, la verdure, les luminaires, les animaux marins, les animaux terrestres, enfin l'homme ; représentent dans Genèse 1 les 7 jours de la création au-dessus desquelles Dieu plaça le dernier de ses œuvres. Ce qui revient à comprendre l'homme comme la créature créée le 1er jour ; il est donc le commencement ou la lumière du monde. Considérant cela, on peut dire, le premier, est en fait le dernier dans l'ordre de la création ; il s'agit donc de Jésus-Christ : l'alpha et l'oméga dans l'histoire de la création ou la 10ème Parole de Dieu au regard de l'exhortation et du rappel que Moïse adressa à l'Israël, il dit : Dieu « vous ordonna d'observer, les dix commandements ; il les écrivit sur deux tablettes de pierre ». (Deutéronome 4 :13). Les Paroles à l'origine de la création (écrites sous forme des nombres organisés dans tous les sens des chiffres qui les composent de 0 à 9), sont les dix commandements de Dieu donnés à Moïse qui sont la personne de Jésus sur lesquels sont rédigés les écrits de Genèse 1. Apocalypse 1 : 8 ; 21 : 6 ; 22 :13. L'oméga est la 24ème lettre de l'alphabet grec ; l'apôtre Jean a voulu dire : Jésus, circoncit le 8ème jour pour se conformer à la règle établie en Israël pout tout mâle ; il était l'homme façonné ou créé le 6ème jour. On peut le voir sur la 8ème colonne de la Parole, le nombre 24 occupe la 6ème colonne pour montrer son égalité avec la Parole écrite et inspirée du Nouveau Testament, car tous les 155 nombres de la matrice parle de Jésus-Christ et reproduisent exactement en révélant le non-dit de la Parole de Dieu écrite.

Si Jésus est l'homme du 6ème jour, il est né alors à Jérusalem en Israël, là se trouve le jardin d'Éden dont parle Genèse 2 : 8. C'est pourquoi Luc 2 : 68 mentionne le lieu où passaient les bergers à Juda. Ce nom signifie : "louange de l'Éternel "comme le faisait Anne : « ...elle louait Dieu, et elle parlait de Jésus à tous ceux qui attendaient la délivrance de Jérusalem ». Ceux-là, faisaient partie de la tribu d'Aser, le 8ème fils de Jacob. Anne se trouvait donc dans l'Éden ou les "les délices de l'adoration à Dieu pour avoir vu Jésus. « Les arbres de toute espèce agréable à voir et bon à manger » figuraient Siméon et les personnes anonymes qui attendaient la venue du Messie promis. Tout ce raisonnement nous a amené à démontrer le caractère symbolique du récit de la création, qui s'impose à ses lecteurs au regard de la Parole qui s'explique sans pour autant refuser à Dieu la paternité de son univers qu'il fait connaître en trente et une de ses Paroles dans Genèse 1. On peut s'accorder à voir Genèse 1 :1, telle la Parole d'où découlent les 54 autres Paroles de Genèse 1 et 2 mises ensemble. Dans la matrice de la Parole de Dieu version originale, le nombre 54 occupe la 7ème position depuis le nombre 7, cela en vue de montrer que les deux tableaux du récit de la création tirent leur structure littéraire dans notre matrice de la Parole de Dieu.

En donnant au terme "commencement" ses significations comme étant deux sources de la création, que la Parole dit : « Voici les origines des cieux et de la terre, quand ils furent créés. Lorsque Dieu fit une terre et des cieux, aucun arbuste des champs n'était encore sur la terre, et aucune herbe des champs ne germait encore : ... ». (Genèse 2 : 4-5). Ces versets les clefs de l'énigme « commencement » que plusieurs conçoivent comme le début du processus de la création de l'univers qui eut lieu à une époque que Dieu ne révèle dans Genèse 1. L'esprit attentif comprendras vite en reliant les v.4 et 5 de Genèse 2, que l'auteur du récit se référait aux deux premiers jour de la création des cieux et de la terre, ayant 10 Paroles de Dieu divisées en deux groupes de 5 (1 à 5 et de 6 à 10) qui sont les causes de leurs existences. C'est le « commencement » du monde dont parle l'évangéliste Jean, la Parole sous ses deux aspects et représentée par la valeur numérique 10, le symbole du "commencement " de la création, appelé Dieu, le créateur des cieux et de la terre. Par conséquent, Dieu est, les deux groupes de 5 Paroles (nous allons le montrer). C'est ce que voulait signifier l'évangéliste en disant : « et la Parole était avec Dieu, ... » Car la préposition" avec" indique la relation entre deux ensembles des Paroles créatrices qui sont Dieu, la source de l'apparition de l'univers d'après Genèse 2 : 4. Voilà pourquoi on parle des origines des cieux et de la terre au pluriel. L'Écriture en parlant du commencement, n'évoquait donc pas le point du temps où Dieu débuta la création. Le commencement, est un jargon employé pour nommer le créateur qui se révèle être la Parole qui est plurielle en un seul Être infini. Le créateur (Parole) se manifeste dans ses œuvres et prend des formes matérielles la seconde fois qu'elle s'adresse aux humains suivant les termes de leurs langues. C'est ce que nous avions dit en reliant Genèse 1 : 1 et 2 : 4. Observations qui nous ont aidé à comprendre le terme « commencement » dans sa signification spirituelle : comme étant 10 lois de Dieu divisée en en ses deux groupes. Cette façon de saisir les choses, pousse à regarder le monde au même titre que la Parole de Dieu qui l'ait fait exister portant la forme matérielle de sa grande et infinie puissance créatrice qu'on peut voir lorsqu'on observe la nature. La création nous dit sans le dire qu'elle est témoin de la Parole de Dieu structurée en deux de ses éléments qui la compose quand elle se présente pour la seconde fois à l'œil nu, toujours en ses deux dimensions facile à remarquer. Il y a le plus petit et le plus grand ; le chaud et le froid ; la nuit et le jour ; … C'est ce que l'évangéliste a voulu laisser entendre, parlant de la Parole de Dieu qui se répète 10 fois de façons différentes en 2 groupes de 5, quand il dit : « Elle était dans le monde, et le monde a été fait par elle, et le monde ne l'a point connu », pour éclairer les lanternes sur la signification des origines que parle Genèse 1 et Jean 1 :10. La Parole (le commencement) est une coexistence de deux idées ou puissances de natures différentes. « Au commencement était la Parole, et la Parole était avec Dieu, et la Parole était Dieu. », l'évangéliste interprétait à l'intention de ses lecteurs le concept « commencement » ; dans la pensée duquel il voulait parler de Dieu, la cause du ciel et de la terre ; qui est une appellation d'une réalité que l'on ne connait pas (que nous avions révélé dans les paragraphes précédents) ne possédant pas l'existence matérielle. Dieu (la Parole) a deux aspects dont l'un est caché et l'autre visible au moyen de ses créatures. La cause de la création, l'évangéliste Jean le désigne par un terme double : Parole et Dieu à la fois ou la Parole tout simplement, capable de se révéler dans un corps physique. L'apôtre Jean dans sa première épitre pouvait dire ce qui vient d'être dit : « ce qui était dès le commencement, ce que nous avons attendu, ce que nous avons vu de nos yeux, ce que nous avons contemplé et que nos mains ont touché, concerne la Parole de vie, et la vie a été manifesté, … ce que nous avons vu et attendu, nous vous l'annonçons, à vous aussi… » (1 Jean 1 :1-3). L'apôtre parle sûrement de la Parole de Dieu sous aspect immatériel qu'ils ont vu et attendu dans sa réalité physique devenue homme comme les apôtres faisant connaître par Jésus-Christ la Parole qui était à l'origine de la création dans sa dimension spirituelle non connue. Cela est une information fondamentale dans l'étude de l'histoire de la création ; voilà pourquoi le monde dans son ensemble, est présenté dans le v.2 comme une œuvre difficile de se la représenter dans l'esprit de l'auteur de Genèse 1 ; puis ordonnée, faisant voir la marque propre de la Parole de Dieu qui est double en elle-même. D'un côté, l'aspect matériel de la Parole et de l'autre, son aspect spirituel suivant l'ordre des choses révélé par Jean. Et par ce qu'on a du mal à lire les messages de Dieu écrits dans la nature, que nous avons appelé ici, Genèse 1, il est donc juste que nous recourrions aux nombres qui les représentent, qui sont les formes spirituelles et inconnues des 31Paroles porteuses des messages de Dieu, Paroles qui ont créé toutes choses au commencement en imprimant à la nature ses marques que l'on peut retrouver dans ces 31 versets appelés : les principes de l'univers. Nous avions dressé un tableau qui représente les 31 Paroles créatrices de Genèse 1, en 2 groupes de 5 pour chacune. Les 31 versets de Genèse 1 se résument donc en ses 10 premiers versets qui nous ont conduits à les reproduire en 2 ensembles de 5 comme nous l'avions vu sur le tableau dit : Origines des Choses. C'est la Parole sous ses deux aspects qui étaient au commencement de la création, appelée Dieu, le créateur des cieux et de la terre. C'est ce que voulait signifier l'évangéliste en disant : « et la Parole était avec Dieu... ». Car la préposition" avec" indique la relation entre deux créateurs qui sont Dieu à l'origine du monde selon Genèse 2 :4 ; 1 :1.

En guise de terminer ce chapitre, nous proposons une explication complémentaire de celle qui précède dans le but mettre l'accent sur la manière dont la Parole de Dieu se révèle à l'humanité qui est le thème principal du récit de la création. Les 10 premiers versets de Genèse 1 relatent dix actes révélateurs et fondateurs de la Parole de Dieu que nous appelons ici du nom de l'l'univers. Ces versets se font clairement révéler en ses deux ensembles : du v.1 à 5 et du v.6 à 10. Dans le premier, son auteur ne montre pas la provenance des cieux et la terre, plutôt son témoignage de leur existence dû à l'acte de Dieu. On peut le voir, les deux groupes versets cités expriment la même idée d'une terre ne portant pas encore de la verdure ni des animaux vivants encore moins l'homme, quand il dit : « La terre était informé et vide ; » Comme dans le second tableau (v.6 à 10) car Dieu n'équipa les cieux et la terre que depuis le 11ème verset. Les deux tableaux se différent profondément à la première lecture par le fait que le premier parle de plusieurs observations à la fois d'un monde qui venait d'être créé, notamment : les ténèbres qui couvraient ciel et la terre, remarque qu'on ne voit pas au deuxième de manière presse, mais silencieusement du fait les luminaires n'étaient pas encore créés. Les deux descriptions de la création présentent toutes la vérité d'un monde formé par la Parole et les eaux comme matière subissant les effets de la Parole pour le faire exister au v.2 (s'il faut s'en tenir au sens littéraire du texte), vérité exprimée par deux fois en deux styles qui s'éloignent et qui cachent la même idée de la Parole de Dieu qui est ce commencement que l'auteur de Genèse 1 place au centre du récit de la création. Nous l'avons remarqué, les deux parties du v.3: « Dieu dit : Que la lumière soit ! Et la lumière fut » ; traduisent aux v.6 et 7 la même pensée de la Parole et ses effets observables. En créant la lumière, cette dernière était déjà en elle-même l'élément séparateur d'avec les ténèbres (qui sont l'absence de la lumière). Raison pour laquelle il est dit : « Dieu vit que la lumière était bonne » par sa nature pour faire seule ce travail ; elle était donc la Parole. Dieu qui « sépara la lumière d'avec les ténèbres » est la Parole de Dieu, qui se transforma en lumière ; la dernière porte en elle les propriétés de la première (la Parole) qui est un corps à la fois, immatériel et matière comme la lumière. La Parole, c'est cette lumière qui fit l'étendue en séparant les eaux, produisant un résultat attendu et vérifiable tel que Dieu l'avait dit : « : Qu'il y ait une étendue entre les eaux, et qu'elle sépare les eaux d'avec les eaux ». Et « Dieu fit l'étendue, et il sépara les eaux qui sont au-dessous de l'étendue d'avec les eaux qui sont au- dessus de l'étendue. Cela fut ainsi ». Remarquons, le v.3 montre l'acte de la Parole et son effet, c'est ce qu'expriment le v.6 et v.7 qui proviennent du v.3 qui les unit avant qu'ils n'aient été séparés mettant au grand jour l'idée de la séparation des choses par la Parole de Dieu qui est la lumière qui sépara le jour et la nuit. Cela s'explique aux v.4 : « ... Dieu sépara la lumière d'avec les ténèbres » avec la Parole de sa bouche comme il le fit de l'eau initiale aux v.6 et v.7. Alors on peut comprendre la lumière séparée des ténèbres ; les eaux au-dessous de l'étendue et les eaux au- dessus de l'étendue, telles des appellations variées de la Parole imprima sur ces éléments de la nature sa qualité d'être deux choses différentes en elle- même. Car la lumière est venue à côté des ténèbres pour faire 1er jour. Cette expression est l'appellation de la Parole de Dieu que le v.1 de Genèse 1 dit être le « commencement » des 7 jours de la création corroborant ainsi l'affirmation de l'évangéliste Jean quand il dit : « Au commencement était la Parole, ». Probablement l'auteur du récit, a voulu taire cette vérité qui saute aux yeux. Car Dieu qui « sépara la lumière d'avec les ténèbres », c'est la Parole qu'il prononça qui est cette lumière au v.3 pour la faire exister qu'il dit : « Que la lumière soit ! Et la lumière fut ».

L'eau est donc l'origine de la création au même titre que la Parole de Dieu que l'Écriture désigne du nom de « commencement ». Contre ceux qui ne voient pas cette vérité de l'Écriture, l'apôtre Pierre, dans sa deuxième épître, il dit : « ils veulent ignorer, en effet, que des cieux existèrent autrefois par la Parole de Dieu, de même qu'une terre tirée de l'eau et formée au moyen de l'eau, ... ». En comparant cette citation avec les v.1 et 6-10 de Genese1, il apparaît nettement par la formulation de l'apôtre Pierre, qu'il ne fit aucune différence entre la Parole et "l'eau", qui sont deux Origines inséparables des choses : l'une spirituelle et l'autre son expression matérielle. La vérité des choses ne se trouve pas dans la matière que nous nous engageons à étudier la Parole de Dieu au moyen des éléments abstraits ou immatériels pour pouvoir bien la saisir dans sa profondeur.

CHAPITRE IV. **QUATRE FLEUVES D'ÉDEN**

Le v.7 et v.8 de Genèse 2 sont des énigmes. Si on peut découvrir avec exactitude l'homme doit-il est question ici, on trouverait du coup le jardin d'Éden qui est son lieu naturel. Ce lieu, celui de la rencontre de quatre fleuves a passionné les esprits les plus éminents des siècles passés et continue à attirer l'attention malgré le flot incessant des commentaires sur ce sujet qui se révèlent improbants. Le fait qui met tout le monde d'accord aujourd'hui est la difficulté de retrouver le fleuve Pischon et Guihon tandis qu'Hiddékel (l'actuel fleuve Tigre) et Euphrate sont connus et se croisent au delta du Chatt-el-Arab à la frontière entre l'Irak et l'Iran. S'il est possible de retracer ces deux fleuves cités dans les indications pouvant aider à retrouver l'endroit du monde où se cache le jardin d'Éden ; il est par contre impossible au regard de nombreuses réalisées par des célèbres géographies et autres chercheurs de dire ce que sont les deux premiers autres fleuves qui parcourent l'Éden, à savoir : Pischon et Guihon.

On ne voit pas que le texte parlant de quatre fleuves d'Éden comme l'indique son compositeur, vient après qu'il eut précisé ce qu'il attend par « les origines des cieux et de la terre » dans Genèse 2 : 4 qui traduit la même idée du « commencement » dans Genèse 1 : 1. Nous l'avions dit, « les origines du ciel et de la terre » sont les 10 premières Paroles de Genèse 1 qui sont des opérations arithmétiques desquelles nous avions ressortie la matrice de 155 nombres que nous appelons : la Parole de Dieu dans sa version originale. Voilà l'unique cadre dans lequel se résout la question du lieu de rencontre de quatre fleuves d'Éden. Au v.7 de Genèse 2, l'Écriture appelle cette matrice (origine du ciel et de la terre) du nom de « être vivant » formé par le souffle ou l'intelligence de Dieu, il est indéfini qu'on peut pas le découvrir avec la raison humaine seulement. La question de quatre fleuves d'Éden ne peut donc se résoudre exclusivement que dans la matrice formée de 155. Nous avions montré que Genèse 1 est une annonce de l'avènement de Jésus dans ses deux dimensions : humaine, (né en l'an 7 à Bethléhem) et spirituelle étant la Parole qui précède la matière avant même qu'elle ne soit écrite dans les langues des hommes. Et c'est la dernière dimension de la Parole de Dieu qui est la clef de la localisation de quatre fleuves d'Éden avec laquelle nous proposons des calculs un peu plus vérifiables. Ces observations ouvrent la voix au sens symbolique de ces quatre fleuves d'Éden comme on pouvait bien s'y attendre.

Proposons donc une solution basée sur des chiffres à cette question en faisant appel aux nombres sur lesquels est née le récit de quatre fleuves d'Éden. Nous estimons qu'il est prudent de retourner à l'origine du récit de ces fleuves pour montrer que les six versets de Genèse 2 :10-15 sont des cryptogrammes et qu'ils ont été composés sur la même ligne de pensée de l'homme et la femme créés le 6^{ème}jour selon l'Écriture. L'homme et la femme, la personnification de la Parole de Dieu écrite en nombres, rappelons-le.

Nous trouvons qu'en remontant jusqu'à sa source l 'un de quatre fleuve d'Éden ; ce fleuve devient par conséquent l'inconnu fleuve d'Éden qui se divise en ses trois autres bras additionnels pour former les quatre fleuves du jardin d'Éden.

Il suffit pour le voir, d'étudier l'un de ses cours d'eau, Euphrate, le plus connu des trois autres. « L'Euphrate naît sur le plateau arménien et est formé par la réunion de deux branches principales : le Karasou ou L'Euphrate occidental et le Mourad ou Euphrate oriental ». L'endroit où les deux se joignent, c'est « en amont de Kierban Maaden à 812 km d'altitude, à 38°47' 38'' longitude Est. C'est à partir de là que le fleuve prend le nom d'Euphrate » (le fleuve Euphrate, 2022).

En comparant ces données géographiques dans la matrice de la Parole aux informations que nous possédons à propos de l'Éden et l'homme formé au 6ème jour, nous remarquons en la personne de l'enfant Jésus le 8ème jour de sa naissance au temple et la prophétesse Anne, l'accomplissement ou la réalité physique du lieu où se trouve l'Éden et le fleuve Euphrate qui arrose ce jardin des délices. Au sujet de la prophétesse Anne qui elle aussi après le prophétesse Siméon, parlait de l'enfant ; il est dit dans Luc 2 : 36- 38 : « Il y avait aussi une prophétesse, Anne, fille de Phanuel, de la tribu d'Aser. Elle était fort avancée en âge, et elle avait vécu sept ans avec son mari depuis sa virginité. Restée veuve, et âgée de quatre-vingt-quatre ans, elle ne quittait pas le temple, et elle servait Dieu nuit et jour dans le jeûne et dans la prière. Étant survenue, elle aussi, à cette même heure, elle louait Dieu, et elle parlait de Jésus à tous ceux qui attendaient la délivrance de Jérusalem ».
Ces données bibliques sont pour nous des repères géographiques. Elles permettent de montrer que l'enfant Jésus est « l'être vivant » que Dieu plaça dans le jardin d'Éden arrosé par le fleuve Euphrate remonté jusqu'à sa source et qu'on considère comme l'inconnu fleuve d'Éden qui se divise en ses quatre bras ; qui est l'appellation symbolique de la prophétesse Anne.

Le 8ème jour après la naissance de l'enfant Jésus à l'époque où Anne totalisait ses 84 ans de vie quand elle a vu le Messie tant attendu. Nous remarquons, ces données bibliques attestent l'ordre de dix nombres de la 6ème colonne dans la matrice ; laquelle colonne qui est une écriture chiffrée des versets 36-38 de Luc 2 d'où naissent ces témoignages sur la prophétesse Anne.

En comptant dès la 6ème colonne jusqu'au nombre 84, qui sont les 84 ans de la vie de Anne il y a huit valeurs qui correspondent au 8ème jour de la naissance en l'an 7 de l'enfant Jésus que nous attribuons la valeur 6. À la même époque la prophétesse Anne avait 84 ans. Par conséquent Anne porte elle aussi la valeur 6 qui la symbolise. Le nombre 6 représentatif à la fois de l'enfant Jésus et la prophétesse Anne qui sont l'accomplissement de l'homme et la femme crées le 6ème jour selon Genèse 1 : 27 qui dit : « Dieu créa l'homme à son image, il le créa à l'image de Dieu, il créa l'homme et la femme ».

Cela étant, il est possible de trouver l'âge qu'avait Anne à la mort de son mari. On sait qu'elle vécut 7 ans avec son mari. Il suffit de compter depuis la 6ème colonne de la matrice qui la symbolise jusqu'au nombre 53, sept valeurs les séparant, sont les 7 années de la vie conjugale de la prophétesse quand elle avait 53 ans d'âge à la mort de son mari.
Sachant que le récit se passe en l'an 7 de notre ère, l'équation de l'époque de la mort du mari de Anne se présente comme suit : $84 - x = 53$; $x = 31$. Ce qui veut dire, depuis l'an 7 ap. JC, on recule de 31 années pour arriver en l'an 38 av. JC quand la prophétesse devint veuve à la mort de son mari.
Anne vécut par conséquent 31 années de veuvage servant le Seigneur dans le temple.
Comprenons que la 6ème colonne de la matrice nous a aidé seulement de calculer l'âge de Anne à la mort de son époux (53ans) dans le but de retrouver la toute première coordonnée géographique de la prophétesse de la prophétesse, la personnification du fleuve Euphrate.
Depuis l'an 38 av. JC sur l'axe chronologique de Anne, reculons de 7 années, on est en 45 av. JC, le début de sa vie conjugale. Par conséquent, dès cette dernière époque, la prophétesse vécut 38 années jusqu'à la naissance de Jésus en l'an 7 ap.JC. Sont-là par analogie, les trois coordonnées géographiques (45 av. JC ; 38 av. JC et 7ap.JC) qui permettent de localiser dans le temps et l'espace la prophétesse Anne figurant le fleuve Euphrate. Dès l'an 38 av. JC, de gauche à droite en retournant en l'an 45 av. JC, nous trouvons 38 av. JC ; 45 av. JC et 38 années (la durée entre l'an 45 av. JC et 84ème année de la vie de Anne en l'an 7).

Axe chronologique de la vie de Anne se présente de cette manière :

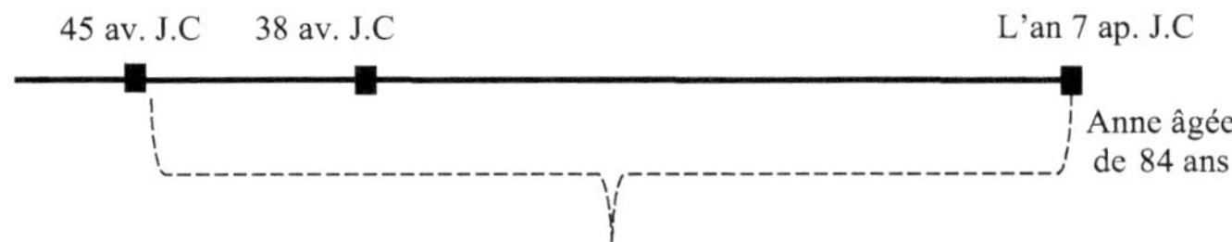

Depuis la vie conjugale de ANNE jusqu' à ses 84 ans qui se coïncident au huitième jour de la naissance de Jésus ; il s'est écoulé 38 années.

Ces repères temporels de la vie Anne nous les assimilons aux valeurs correspondantes au 38° 45 minutes 38 secondes de longitude Est du fleuve Euphrate telles que connues à nos jours obtenus par le système de positionnement par satellites (GPS). Il est connu que l'Euphrate étant un fleuve qui naît par la réunion du rivière Karasou (dit Euphrate occidental) et de Mourad (dit Euphrate oriental), le lieu de leur conjonction « a eu lieu en amont de Kierban à 38°47 minutes 38 secondes» de longitude Est (https://www.cosmosvision.com, 22) ; (https://fr.mwikipedia.org, 23).

Les trois époques découvertes de la vie de Anne située dans le temps et l'espace, ne sont-elles pas comparables à la mesure angulaire du quatrième fleuve d'Éden, calculée sur 38° 45 minutes 38 secondes longitude Est ? Du fait que la prophétesse Anne est ici l'incarnation du mythique fleuve qui sort du jardin d'Éden que l'Écriture situe à l'orient, la même partie du monde du monde où est délimitée le temple de Jérusalem. La ville est donc jardin d'Éden qui est ce cadre de l'accomplissement des événements relatés dans Genèse 2 : 8- 15. Et la différence de deux minutes remarquée entre les 47 et 45 que nous comprenons comme les minutes comparées de la longitude Est du fleuve Euphrate, s'explique du fait que la prophétesse est ici l'image et non la représentation réelle du 4ème bras du fleuve qui sort d'Éden.

Elle se maria donc en 45 av.JC. Si âgée de 84 ans en l'an 7 de la naissance de Jésus, Anne est donc née donc en 91 av.JC. Remarquons, avec la matrice on trouve six précieuses informations relatives aux époques des événements passés dans la vie de la prophétesse Année.

L'expression géographique de la position d'Anne (Euphrate) sur terre, ne devrait pas commencer par 45 degré 38'car l'Écriture à son sujet nous impose son raisonnement qui la situe dans le temps par rapport au début de sa consécration au service de Dieu dans le temple, marqué par 7 années de sa vie conjugale. Ces

7 années et l'an 7 de la naissance de Jésus, jouent ici le rôle du méridien de Greenwich, qui est la référence internationale de longitude sert à calculer la position d'un point donné dans l'espace. Il est dit : « méridien origine », ici c'est l'an 7 de notre ère connue par ceux qui s'intéressent de la date de naissance de Jésus. Né en l'an 7, cette époque devient le plan de référence interprétation dans l'histoire des hommes, divisant le récit de la vie de Anne en deux temps égaux : la fin d'un aspect de sa vie en l'an 38 avant l'ère chrétienne à la mort de son époux et début de sa consécration à Dieu 31 ans durant jusqu'en l'an 7. Durée vue ici comme les 7 jours de la création, au terme desquels fut créé l'homme. De ce qui précède, tout laisse à voir l'actuel pays d'Israël comme le véritable endroit crédible où se trouve l'Éden.

IV.1 Localisation d'Éden

Il est question dans ce point du livre de montrer pour la seconde fois au moyen d'un autre raisonnement que le jardin d'Éden, c'est l'actuel l'État d'Israël.

L'Écriture fournie des indications sur l'emplacement d'Éden en ses termes quand le compositeur de Genèse 2 dit : 8 : « Puis l'Éternel Dieu planta un jardin en Éden, du côté de l'orient, et il y mit l'homme qu'il avait formé. 9 L'Éternel Dieu fit pousser du sol des arbres de toute espèce, agréables à voir et bons à manger, et l'arbre de la vie au milieu du jardin, et l'arbre de la connaissance du bien et du mal. 10 Un fleuve sortait d'Éden pour arroser le jardin, et de là il se divisait en quatre bras. 11 Le nom du premier est Pischon ; c'est celui qui entoure tout le pays de Havila, où se trouve l'or. 12 L'or de ce pays est pur ; on y trouve aussi le bdellium et la pierre d'onyx. 13 Le nom du second fleuve est Guihon ; c'est celui qui entoure tout le pays de Cusch. 14 Le nom du troisième est Hiddékel ; c'est celui qui coule à l'orient de l'Assyrie. Le quatrième fleuve, c'est l'Euphrate ».

Au cours de l'histoire, plusieurs ont situé l'Éden à des endroits différents par manque de la matrice venant de la Parole de Dieu qui complète les écrits de la Bible.

Ce point V.1 ci-haut tel que l'indique Genèse 2 : 8 n'est peut-être compris en dehors de la version chiffrée de la Parole de Dieu tirée de 31 versets de Genèse1, le cadre dans lequel est née l'histoire du jardin d'Éden, rappelons- le. Un coin du monde qui serait le pays d'Éden doit répondre à sa dimension décrite de façon figurée par ses quatre fleuves. Notre système de nombres associé à la série d'indications de Genèse 2, aident à découvrir les valeurs numériques qui constituent la dimension d'Éden décrite secrètement par les quatre qui y sortent.

Rappelons que la création, nous l'avions vu comme un discours explicatif sur la manière dont la Parole qui est double est composée sur elle-même, désignée du nom de l'homme. Et cet être vivant, est : l'homme et la femme personnifiant les deux aspects de la Parole de Dieu. Nous l'avions montré, Jésus-Christ, est les deux aspects de Parole de Dieu : l'un écrite en caractères numériques et l'autre en caractères alphabétiques.

Et quand l'auteur de Genèse 2 en son 4ème verset parle en faisant voir « les origines des cieux et de la terre », il se réfère à cet aspect de la Parole dans sa forme chiffrée sur laquelle est rédigée toute l'Écriture inspirée de la Bible compris les écrits de Genèse 2 : 4- 14.

Pour saisir le v.5-6 de ce chapitre du livre de Genèse, qui sont la suite logique du v.4. L'expression : « Lorsque l'Éternel Dieu fit une terre et des cieux », embrouille les esprits qui ne veulent pas voir que l'auteur de ces textes ne fait résumer ce qu'il a déjà dit concernant les dix premiers versets de Genèse 1 et ce qu'il appelle commencement. Du v.1 au v.10, on voit que la terre n'est pas encore couverte de la verdure, elle n'est pas en plus habitée par l'homme. Ce sont « les origines des cieux et de la terre », les dix premières Paroles de Genèse 1 qui sont clairement indiquées par le compositeur de ce chapitre. Le « commencement » n'est pas donc le moment **M** du processus de la création au sens littéral du mot tel qu'on l'entend. Plutôt les 10 premières Paroles de Genèse 1 d'où nous avions tiré notre matrice, nous l'avions. La pensée Dieu se révèle en deux dimensions ; spirituelle premièrement, ensuite humaine pour se faire connaitre aux hommes que nous sommes avec des termes qui conviennent à notre entendement. Cette vérité du caractère double de la pensée de Dieu, l'auteur de la création dans Genèse 2 le dit dans 3 versets, de 4 à 6 concernant la forme spirituelle ou l'aspect imprononçable de la Parole gardée secrète et créatrice, laquelle l'Écriture parle dans Genèse1 :26-28. Cet homme du 6ème jour qui est spirituel, et organisé et structuré avec la Parole que Dieu prononça de sa bouche ; il est avant l'existence du Christ en tant qu'être humain ; il est (l'homme du 6ème jour) à la base de la rédaction de l'Écrit inspiré de la Bible, car il est la Parole de Dieu sous sa forme abstraite écrite en caractères numériques (impossible à lire de façon verbale) sur lesquels sont composés les textes bibliques, nous le rappelons. Et cette forme spirituelle de la Parole dans son apparence humaine nommée : Jésus-Christ, est bien l'homme que l'Éternel forma de la poussière de la terre dans Genèse 2 :7, tandis que celui dont il s'agit dans Genèse1 :26-28 est spirituel, les juifs l'appellent : Élohim, nom qu'on ne peut pas prononcer avec des mots des langues des humains.

Quand l'apôtre Paul fait référence dans son épitre au terme Fils qui « est l'image du Dieu invisible, le premier- ne de toute la création » ; il parle de la double signification du concept Fils, le Messie bien entendu comme la Parole de Dieu écrite dans la Bible qui témoigne de lui, mais aussi comme la même Parole dans sa forme originelle qui engendra l'Écriture. (Colossiens 1 :15-17). Il n'est pas difficile de comprendre que Dieu qui se révèle par sa Parole ne puisse se faire connaitre au moyen des éléments de la nature pour nous enseigner tel que l'affirme l'apôtre : « La nature elle-même ne vous enseigne-t-elle pas… ? ». (I Corinthiens 11 :14). Il est important de faire remarquer au v.6, qu'une vapeur qui s'éleva de la terre pour arroser la surface de la terre, est une façon de parler en langage imagé des « origines des cieux et de la terre » (nous les avions appelé l'ensemble de nombres à la base de la rédaction de l'Écriture) que l'auteur présente ici comme étant la solution qui convient aux problèmes que suscite la nature. Dans l'esprit de celui qui a écrit Genèse1 et 2, la nature, c'est l'Écrit inspiré de la Bible étant la personne même de Jésus (que l'auteur de ces chapitres en fait le sujet principal de son exposé) qu'il voit telle la forme visible de la Parole de Dieu et qui avec toutes ses variantes et son langage difficile à saisir, suscitent des nombres problèmes à ses lecteurs comme la nature d'ailleurs. Heureusement sa version chiffrée, se présente telle une solution à ses questions posées.

Cela étant dit, nous pensons que bonnes bases sont maintenant jetées pour aborder la difficile question d'Éden sous un autre optique. Question directement liée à la compréhension de la pensée profonde de celui a écrit les versets de deux premiers chapitres du livre de Genèse dans un style littéraire qui désoriente la majorité des croyants, les privant des points de repères sérieux pouvant les aider à se faire une idée précise de son auteur que nous venons et continuons d'expliquer.

Le v.8 venant après le v.7, où l'auteur du chapitre parle de Jésus- Christ, le spirituel devenu humain ; cet homme naturel est mis dans un jardin situé à la partie orientale du monde. Déjà avec les idées développées précédemment, cela saut aux yeux que l'Éden ne peut-être que le pays d'Israël, la terre de naissance du Messie où il vécut entant qu'homme mortel. Nous pensons que le devoir de démontrer notre affirmation avec un peu plus des preuves serait l'exercice le plus recommandé que nous oblige l'Écriture.

Le v.8 parle du jardin d'Éden dont Dieu est le propriétaire, et il y mit l'homme qu'il avait formé au v.7 ; c'est- à- dire Jésus, le Christ et l'homme du 6ème jour. Il est compris ici comme la Parole créatrice de Genèse 1 (notre matrice) devenue humain que son intelligence a miraculeusement tissé dans le ventre d'une vierge (Matthieu1 : 20-21). Remarquons, l'auteur de ce v.8 de Genèse 2, l'enroule sur lui- même jusqu'au v.15 sur 8 unités avec une importante information sur la situation géographique du jardin d'Éden dans chacun de ces versets. Il est situé à l'orient, renseignement que le v.15 ne donne pas, plutôt il indique le travail qui revient à l'homme de garder le jardin.

L'idée de l'aire d'Éden ressort de manière claire lorsque l'auteur du texte parle de 4 fleuves qui arrosent la surface du jardin ; idée qui présente quatre propriétés mathématiques connues relatives à une superficie d'une surface plane, citons :

1° « La superficie d'une surface est un nombre réel positif ou nul ». Ce qui ressort de ces deux versets, est que Dieu est le seul propriétaire de son bien foncier, le jardin d'Éden qu'il délimite dans un langage caché sa surface mesurée par les quatre fleuves symbolisant l'aire exacte de sa propriété décrite sur 5 versets de Genèse 2 : le 10, 11, 12,13 et le 14. De ces cinq versets vient la notion des cinq chiffres de la superficie du jardin annoncée dans le résumé de cet ouvrage.

2° « Une unité de longueur étant choisie, la superficie du carré de coté 1 est égal à 1 ». On sait à l'heure actuelle que la superficie d'un pays donné se mesure en kilomètres carrés, et même si elle est transformée en d'autres unités de surface, sa valeur restera la même qui est calculée au départ.

3° « La superficie est additive. Si on découpe une figure, on obtient plusieurs figures dont les aires additionnées redonnent l'aire du départ ». Cette propriété s'accorde bien avec l'idée d'un fleuve qui se divise en 4 bras au v.10, qui coulent sur 3 pays servant l'image de 3 chiffres non répétés de la superficie d'Éden.

4 ° « La superficie est invariable par isométrie. Cela signifie qu'une figure peut être déplacée ou retournée sans que cela modifie sa superficie ». Selon (TECHNO-SCIENCE, 2020).

Cette dernière propriété de l'aire d'une surface plane, se comprends comme appliquée réellement dans l'histoire du jardin d'Éden, que lorsque le résultat de la transformation des données bibliques localisant le jardin d'Éden ramenées dans la matrice (Parole de Dieu écrite en nombres) sur laquelle est écrit le récit du jardin d'Éden, ne changent pas l'idée des données initiales.

Le chapitre de Genèse 2 : 8-15, sont-ils un problème de géométrie posé aux lecteurs ? Loin de-là, plutôt un exercice pour éprouver leur capacité à discerner le langage divin, car le texte révèle de façon dissimilée la superficie du pays que son auteur désigne du nom d'un fleuve d'Éden, et demande (le texte) aux interprètes de la retrouver suivant les renseignements donnés. Faisant appel à la notion de la correspondance terme à terme expliqué largement dans le chapitre VI de ce livre ; nous voyons apparaitre cette idée de manière claire dans la description de 4 fleuves qui arrosent le pays d'Éden. S'agissant de ces fleuves, l'auteur du chapitre 2 du livre de Genèse depuis son 11ème verset étend sa pensée sur la relation qu'il établit entre les adjectifs numéraux ordinaux attachés à ces fleuves suivant un ordre qui est le sien les nommant sur une suite de quatre nombres : le 11, 12,13 et le 14.

Remarquons, la Parole associe les noms des fleuves d'Éden aux quatre nombres ci-haut cités pour chacun de ses bras : soient par leurs numéros d'ordre ; soient par les noms des pays qu'ils traversent ; soient encore par les noms des richesses que renferme son sous-sol.

Cela veut dire, Pischon peut être appelé soit par son nom, soient par ses deux valeurs numériques (11 et 12) ; soit par le premier numéro de rang qu'il occupe sur la liste de quatre fleuves d'Éden cités ; soit encore par le lieu géographique où il coule (Havila) ; enfin par les richesses du pays traversé : l'or, le bdellium et la pierre d'onyx. Nous soulignons que les valeurs numériques attribuées à chaque fleuve, sont plus importantes de trois autres indications relatives aux quatre cours d'eau sortant d'Éden pouvant aider à situer à ce fameux jardin. Et c'est sur les quatre nombres ci-haut cités que se fonde notre raisonnement pour tenter de comprendre la signification profonde de quatre fleuves du jardin d'Éden, que nous appelons désormais : le 11 et 12 du nom de Pischon ; le 13 pour Guihon ; le 14 pour Hiddékel et Euphrate. Il y a donc deux nombres pour désigner le 1er fleuve ; un seul attaché au 2ème fleuve ; enfin un seul nombre pour désigner le 3ème et 4ème fleuve.

Cela nous conduit à dire : les 4 fleuves sont trois groupes de nombres à découvrir qui mesurent l'aire exacte du jardin d'Éden. Ceci est la règle de vérification de l'exactitude du calcul de la superficie du jardin d'Éden et pour voir si l'interprétation proposée du texte relatif à ce pays des délices est acceptable ou non.

Cette manière de voir les quatre fleuves d'Éden, tels trois groupes de nombres ne modifie en rien le discours de l'auteur de Genèse 2 vu que chaque ensemble de valeur représente parfaitement l'exposé de son auteur tel qu'il le conçoit et le dit à propos de chacun des cours d'eau du fleuve d'Éden.

Parler du 11ème verset de Genèse 2 ou sa valeur 11 sans lire son contenu, la mémoire d'un habitué de la Bible lui rappelle vite le fleuve Pischon et lieu de son lit. Ceci vaut autant pour les trois autres fleuves et les valeurs qui leur sont liées, car les trois groupes de nombres qui symbolisent les 4 fleuves d'Éden ; nous les prenons comme les substituts des Paroles de l'auteur du texte sur le fleuve d'Éden et l'on s'interdit de séparer d'un côté, le discours écrit de l'auteur à ce sujet en des caractères alphabétiques et de l'autre, les valeurs numériques qui représentent la suite de séquences verbales de ses mots employés pour exprimer sa pensée sur les cours d'eau qui traversent l'Éden. Plutôt nous les mettons ensemble ces deux aspects de la Parole sur le fleuve d'Éden pour essayer de saisir la pensée profonde son compositeur. Nous ne négligeons pas les nombres (versets) qui indiquent chacune des partions du discours sur les cours d'eau sortant du jardin d'Éden développé en 5 valeurs dès le nombre 10 pour la seule raison que seuls les nombres permettent de retourner la pensée écrite de l'auteur de Genèse 2 dans le lieu d'où il a tiré sa mystérieuse communication. Les nombres aident à se faire une idée précise quant à la partie du monde dont parle Genèse 2 pour voir si la compréhension que nous nous faisons de la Parole de ce chapitre de la Bible est bien celle que recommandent les instructions données par celui qui parle. C'est sous cette optique que nous pouvons espérer résoudre l'énigme du fleuve sortant d'Éden.

Nous pensons que seuls les écrits de la Bible sous leurs aspects numériques associés à l'Écriture (son expression littéraire), peuvent aider à éclairer les zones d'ombres du texte en rapport avec la localisation de ce pays d'Éden.

Posons pour résoudre l'énigme du mystérieux fleuve, le nombre 104, valeur représentant le mystérieux d'où découlent les quatre autres fleuves que nous cherchons à découvrir. Ce nombre vient de la conjonction du v.10 de Genèse 2 et de 4, le nombre représentant l'ensemble de bras qui forment le fleuve tant recherché dans ce verset. L'idée vient du caractère double et inséparable de la Parole de Dieu qui se révèle toujours sous aspect littéraire accessible au grand nombre de gens en demeurant impénétrable au regard de l'autre partie qui la compose qui est cachée.

Pour découvrir la superficie cachée d'Éden nous retournons à la source (le tableau de nombres) qui fait naître la révélation du v.10 de Genèse 2. Quand on convertit les renseignements de deux premiers fleuves en langage des nombres dans l'expression cachée de la Parole, leurs versets tiennent la place de ces nombres. Observons, dans la matrice le nombre 104 occupe le 4ème rang sur la 11ème colonne. Cet ordre traduit en langage des nombres la règle édictée dans les paragraphes précédents, rappelons- la : pour le tout 1er fleuve si on le remonte jusqu'à sa source, de là il devient l'inconnu fleuve d'Éden qui se divise en ses quatre cours d'eau. Par- la on comprend que le 1er fleuve début sa course à partir de 104 sur la 11ème colonne de la matrice pour montrer que l'énoncé de fleuve Pischon est correctement transcrit en caractères numériques ou ramenée dans son expression originale.

Pour résoudre cette question de quatre fleuves d'Éden, nous nous plaçons sommes dans la Parole de Dieu version chiffrée d'où est tirée cette énigme, précisément au nombre 104.

Le 1er fleuve, arrose le pays d'**Havila**, c'est le nom secret du nombre 79 correspondant au numéro atomique de l'or que l'on trouve dans ce pays, éloigné de 15 nombres et situé à gauche de sa source (104). Le nombre 79 représente désormais le 1er fleuve avec ses deux chiffres qui représentent respectivement le bdellium et la pierre d'onyx se trouvant dans devenir ce pays. La pensée de l'auteur de genèse 2 :11-12 est bien respectée en la convertissant en nombre. Nous remarquons qu'en remontant Pischon jusqu'à sa source ; ce 1er fleuve va par conséquent l'inconnu fleuve d'Éden qui se divise en ses trois autres bras additionnels pour former les quatre fleuves du pays des délices.

Le 2ème fleuve part d'après ce qui vient d'être dit par la lumière de l'Écriture, après le 1er, c'est- à- dire le nombre 79. D'ici, les eaux du fleuve Guihon doivent couler sur une distance de valeur 13 qui le représente jusqu'au nombre 27. C'est la valeur définitive du 2ème fleuve qui se déplace depuis sa source qui est la 11ème colonne, autre symbole du 1er fleuve. Le 2ème fleuve entourant tout le pays de Cusch, l'auteur du récit voulait montrer par-là le rapport qui existe entre le nombre 79 et 27 figurant chacun pour sa part le 1er et le 2ème fleuve.

Remarquons, l'idée des fleuves d'Éden tire leur histoire de la descendance des fils de Cham, le deuxième de Noé.

On sait que le pays d'Havila et celui de Cusch portent tous les deux les noms de la descendance de Cham. (Genèse 10 : 1, 6 -8). Havila étant le 2ème fils de Cusch (celui-ci, le 1er fils de Cham), le rapport entre 79 et 27 doit être inversé pour se conformer à l'autorité de l'Écriture. Ainsi l'ordre des valeurs représentatives de deux premiers fleuves devient : 27 pour le 1er fleuve et 79 pour le 2ème fleuve ; car selon l'Écriture, c'est la postérité de Cusch traversé par Guihon « qui commença à être puissant sur la terre ». L'étendue d'Éden couverte par les deux fleuves s'est élève provisoirement à 2779 km^2.

Le 3ème fleuve coule à l'orient de l'Assyrie. Cette partie du monde est une ancienne région du nord de la Mésopotamie au 8ème et 7ème siècle ; elle s'étendait sur 5 pays qui sont aujourd'hui : la Syrie, l'Irak, l'Iran, la Turquie et le Liban. Dans la matrice et dans l'ordre des fleuves d'Éden, le 3ème commence sa course après le 2ème (79). Nous nous déplaçons depuis 79 en comptant 14 nombres jusqu'à la valeur 58, vient après le nombre 27, pour montrer que le 3ème fleuve, Hiddékel tire aussi sa source au 1er fleuve que l'on voit comme le prolongement de du mythique fleuve qui se divise en quatre bras. Le chiffre 5 du nombre 58 figure ici l'Assyrie, contrée de 5 pays cités précédemment ; et l'orient de cette région de la Mésopotamie est bien le chiffre 8 de 58. Hiddékel est par conséquent le chiffre 9 qui arrose l'orient de l'Assyrie, représenté par le nombre 89. Et si on compte depuis le 27 jusqu'à 89, il y a 3 nombres, d'où l'on trouve le chiffre qui symbolise le 3ème fleuve, Hiddékel. La surface de terre d'Éden parcourue par les trois premiers fleuves d'Éden s'élève désormais à 27.799 km^2.

Le fleuve suivant partira depuis le 3ème portant la valeur 9, calculée dès le nombre 27, la valeur symbolique du 1er fleuve.

Le 4ème fleuve, l'Euphrate. On sait que ce fleuve prend véritablement son nom par la réunion de Karasou et Mourad à 812 km d'altitude dans le plateau arménien regroupant cinq pays :

- Arménie, la source de l'Euphrate
- Azerbaïdjan,
- Géorgie,
- Iran,
- Turquie, la source du Tigre.

Cette vérité géographique, s'observe dans la matrice lorsqu'on peut compter à partir du nombre 27 représentant le 1er fleuve ; le 4ème fleuve tombe sur 120. De haut vers le bas et à gauche de 120, on voit se formée 812, la hauteur bien sûr en kilomètres où naît l'Euphrate par rapport au niveau de la mer. C'est pourquoi le chiffre 8 dans 812 se croise avec celui figurant l'orient de l'Assyrie dans le nombre 89 où coule Hiddékel, ayant la valeur 9. Sachant que le fleuve Tigre (qui est Hiddékel) et l'Euphrate naissent tous deux sur le plateau arménien et dans l'Écriture ils sont figurés par un seul nombre 14. Par conséquent, le 4ème fleuve comme le 3ème, doit porter aussi la valeur 9.

Nous avions remarqué que le chiffre 0 dans la valeur 120 ne doit pas être pris en compte pour former 812 Km d'hauteur, la distance de la fonte de deux cours d'eau. Car l'Euphrate n'est pas la réunion de trois eaux qui coulent. Ainsi le 4ème fleuve aura pour valeur 9 figurant l'Euphrate. On n'écrira pas en caractères numériques 27.79.9.9 pour symboliser les quatre fleuves d'Éden plutôt 27.799 car on sait que le 3ème et le 4ème fleuve coulent du même haut- plateau arménien, c'est pourquoi l'unique valeur 9 les représente tous deux ayant une même source.

Après le 120, c'est le 151 pour indiquer avec beaucoup plus de clarté que seul le fleuve Euphrate est nommé dans son sens propre ; l'Arménie où il nait étant placée au 51ème rang mondial au regard de sa superficie.

La superficie d'Éden décrite en secret par les quatre fleuves d'Éden, s'élève définitive à 27.799 km^2. Les quatre fleuves d'Éden sont en fait les cinq nombres de la superficie d'Israël. D'après la prophétie, l'étendue des terres promises à l'Israël devait mesurée vingt-sept mille sept cents quatre-vingt-dix- neuf kilomètres carrés de superficie (27.799 Km^2) dont les trois nombres de sa valeur correspondent respectivement à Pischon énonce en deux versets comme le nombre 27 ; Guihon en un seul verset comme le nombre 7 ; Hiddékel et Euphrate en un seul verset pour les deux tel le nombre 99, nous le rappelons. C'est « la superficie totale sous contrôle israélien direct ou partiel, qui comprend également les territoires palestiniens de Cisjordanie ». (openedition, 2023)

Seul Israël dispose d'une telle superficie pour être appelé l'Éden dont a parlé Moise dans son discours de quatre fleuves. Et seuls, Hiddékel et l'Euphrate sont réellement les fleuves de la Mésopotamie évoqués dans leur sens propre. Il y a donc dans l'idée de quatre fleuves, la Parole de Dieu composée des faits qu'on ne connait pas et ceux que la majorité peut saisir fondus tous dans les quatre versets qui paraissent simples à comprendre au premier regard à cause de sa seconde partie qui semble saisissable. Cette apparence extérieure de l'Écriture, soit-elle en hébreu, ou en toute autre langue, l'apôtre Paul l'appelle : le voile mit sur le visage de Moise pour que quiconque ou « les fils d'Israël ne fixent pas les regards sur la fin de ce qui était » écrit dans la Torah. (2 Corinthiens 3 :13-17). La connaissance d'hébreu ne garantit pas la condition d'accès à la signification des mots du récit de la création d'après le sens que le donnait son auteur ; porteurs des messages divins en langage allégorique et déchiffrable que par l'Esprit. C'est-à-dire, une intelligence capable de saisir la signification de l'Écrit inspiré et qui le libère de la puissance d'égarement l'obligeant à comprendre que ce qui est écrit tel qu'elle (Écriture) le présente. Le don d'interprétation s'exerce sur l'intelligence naturelle changée par l'action du Saint-Esprit pour être à mesure de percevoir le côté secret de la Parole de Dieu.

IV.2 Le plan de partage de la Palestine

Et parce que nous traitons la question des limites des terres qu'Israël devait hériter, nous affirmons que la promesse de Dieu fait à Abraham dans Genèse 15 : 18- 21 se réalisa lors du plan de partage de la Palestine du 29 novembre 1947 élaboré par le comité spécial des Nations Unies. Ce plan prévoyait la répartition de la région en trois parties. « Un État juif sur 57,47 % du territoire et un État palestinien sur 43,53 % du territoire » (plan de partage de la Palestine, 2022) et « la ville de Jérusalem et sa proche banlieue étaient placées sous le contrôle international entant que Corpus Separatum ». (Plan de partage de la Palestine, 2022). Jérusalem était une ville indivisible selon la résolution de l'O.N.U. C'est concevable que nous pensons à apporter des preuves au sujet de la relation faite entre l'Éden et l'actuel pays d'Israël avec ses 27.799 Km² de son étendue, telles les limites que Dieu lui assigna. Sans pour autant vouloir essayer de convaincre qui que ce soit, plutôt le souci de vouloir montrer l'aptitude de la Parole de la promesse de Dieu faite à Abraham à s'exprimer dans un langage politique comme celui du vote de la résolution 181 du 29 novembre 1947 de l'Assemblée Générale de l'ONU qui en est une éloquente formule. Nous voulons dire, cette décision s'affirme être une autre expression de la promesse de Dieu de donner la postérité d'Abraham un pays propre à eux telle que prévue par la Parole.

La certitude donnée à Abraham et sa postérité, un pays qui sera à eux, fut dans un langage figuré, celui des trois animaux de trois ans divisés par le milieu chacun, une tourterelle et une colombe. Selon qu'il est dit : « Abraham répondit : Seigneur

Éternel, à quoi connaitrai-je que je la possèderai ? Et l'Éternel lui dit : prends une génisse de trois ans, une chèvre de trois ans, un bélier de trois ans, une tourterelle et une jeune colombe. Abraham prit tous ces animaux, les coupa par milieu, et mit chaque morceau l'un vis-à-vis de l'autre ; mais il ne partagea point les oiseaux », Genèse 15 :8-10. Cette citation s'impose à l'esprit avec telle force qu'on n'a pas besoin d'aucune autre preuve pour comprendre qu'elle se rapporte en son sens figure à la mesure précise de l'étendue des terres accordées à la postérité d'Abraham par Isaac. Ces versets se rapportent également à l'idée du plan de partage de 1947 de la Palestine mandataire et à la portion des terres prises par l'Israël à la guerre des six jours de 1967.

L'esprit attentif remarque l'harmonie entre l'image choisie par Dieu pour décrire la mesure des terres données à Israël et les chiffres de sa superficie, 27.799 Km^2. Le 2, le 7 et le 9 représentent les trois animaux de 3 ans, le 2 étant l'origine du temps qui augmente jusqu' au nombre 9. Par conséquent le 2, le 7 et le 9 représentent les trois animaux de trois ans. On peut voir dans 27.799 km^2 des terres qui devaient revenir à l'Israël que le chiffre 2, le 7 et le 9 ressemblent aux trois animaux de trois ans et leurs morceaux partagés qui font deux pour une bête, en commençant par le 2, le 77 et 99 sont l'écriture chiffrée de trois animaux partagés au milieu et leurs marceaux mis les uns vis-à-vis des autres. Avec le 2, la figure d'une tourterelle et d'une colombe gardées entières.

Cela pour signaler que la superficie des territoires d'Israël élevée à 27799 km^2 est telle promise à Abraham et ses descendants délimitée dans Genèse 15 : 18-21. Plus des détails dans le chapitre VI. Et le 2, l'écriture chiffrées d'une tourterelle et d'une colombe gardées entières.

Si Genèse 15 : 9 était une annonce de la valeur réelle de la superficie du sol palestinien mandataire que devait contrôler l'Israël, le 10ème verset de ce chapitre était une image qui prévoyait la répartition de la Palestine sous administration britannique après la deuxième guerre mondiale en deux États. Un État juif de 54,47% du territoire et 43,53% du sol pour l'État arabe, et la ville de Jérusalem avec un statut politique spécial pour rester une ville indivisible.

Ici, les trois animaux de 3 ans étaient la figure de la Palestine sous mandat britannique qui devait être divisée en deux entités juive et arabe. Et les deux oiseaux non partagés sont une représentation de la ville de Jérusalem indivisible. Le comité spécial des nations unies sur la Palestine chargé d'élaborer le projet du partage de la région ne s'est pas rendu compte qu'il fut dirigé pas la main invisible de la puissance de Dieu pour accomplir sans faille le plan divin révélé à l'avance à Abraham au moyen des symboles qui expriment la même idée du plan de partage de la Palestine. Le ciel a conçu ce projet puis confié à Abraham, finalement Moïse le rendit public de façon fidèle en respectant les expressions choisies venant du ciel.

Et c'est dans le langage des symboles que réside la difficulté de saisir la volonté de Dieu exprimée par deux fois. La dernière fois avec les mots simples et compréhensibles du plan de partage des Nations Unies qui parait être une œuvre injuste venant des pays puissants proches des juifs. Humblement, nous pensons que ce problème pouvait être résolu si le plan de partage de la Palestine dans son expression figurée révélée dans la Torah avait été bien interprété. À ce jour, arabes et certains chrétiens trouvent les 7.029 Km² des terres additionnelles du territoire d'Israël qui est de 20.770 Km² pour faire 27.799 Km² comme un territoire palestinien de la Cisjordanie occupé, du fait du manque d'une lecture éclairée des écrits inspirés. Nous pouvons nous en rendre compte. Alors que ce qu'on appelle territoires palestiniens occupés, ne sont que des terres offertes par Dieu à Abraham à titre gracieux. Le ciel et la terre lui appartenant, le Maître de l'univers. Les juifs les appellent « territoires disputés » car c'est au terme de la guerre de six jours que l'Israël élargit considérablement ses frontières que les arabes voisins lui disputaient. En réalité, les arabes réclament à Allah ces terres qui seraient occupées, et pensent qu'entre le créateur du ciel et de la terre, et eux ; ce sont eux qui sont les maitres de cette partie de la Palestine, et pas Dieu. Toute la sagesse et la puissance du seigneur de l'Univers se cachent derrière les guerres livrées contre l'Israël, avec comme finalité : la récupération de leurs territoires qui seraient occupés.

À chaque fois, malheureusement, c'est le contraire qui se produit envie de montrer leur impuissance malgré leurs richesses et puissances militaires dont ils ont les moyens de réunir, ils n'arriveront jamais à changer un seul iota de la volonté de Dieu exprimée dans sa Parole pour laquelle nous avions eu l'honneur dans ce livre d'expliquer.

Notre opinion n'a pas été l'objectif poursuivit dans ce livre, plutôt la découverte du langage des puissances réalisatrices des évènements qui se déroulent en Palestine. Le conflit des terres qui opposant les arabes et les juifs demeurent en dépit de plusieurs accords signés, nécessaires pour arracher l'Israël des territoires comme la bande Gaza conquis lors de la guerre de six jours en 1967. Territoire remit à l'autorité palestinienne aux termes des accords de Jéricho et Gaza de 1994. Tous ces efforts politiques n'ont été de grande importance que pour soustraire à Israël des surfaces des terres qui dépassaient des limites qui lui a été fixé par la Parole de la toute-puissance de Dieu qui est de 27.799 Km² pilule désagréable à avaler pour les arabes. Il y a dans le conflit israélo-arabe des terres, la lutte entre les visés des hommes politiques d'une part et de l'autre, la volonté écrite de l'Être qui s'impose qui domine le monde.

L'étude des évènements qui se sont déroulés en Palestine, renseignent que la paix dans cette partie du monde tient sur une table ronde des leaders spirituels réellement éclairés de deux religions, musulmane et juive. Une réunion où les esprits doivent se dépasser pour étudier et discuter autour des leurs textes spirituels de leurs religions, qui fondent le nationalisme de chacune d'elles.

CHAPITRE V. CRÉATION OU ANNONCE DE L'INCARNATION DE LA PAROLE ?

L'intitulé de ce chapitre est une façon de mettre en avant la signification symbolique et exclusive de Genèse 1 et 2 que l'on ne peut défendre que par leurs relectures approfondies faites sur base de leur finalité qui doit être perçue avant même que l'on se mette à essayer de les interpréter, sinon on tombe dans le piège de l'Écriture, qui est son style déroutant qui conduit l'esprit non éclairé par l'Esprit du Seigneur à voir que des choses de moindre importance réservées au grand public. Les textes de Genèse 1 et 2 posent plusieurs problèmes à des niveaux différents. D'abord pour ses lecteurs, se heurtent à découvrir la logique de celui qui les a écrits ; en plus on ignore ce qu'il entendait par les « eaux » du commencement d'où toute chose est sortie. Elles ne sont pas certainement la matière disponible dans la nature et qui constitue 70% du poids du corps humain ; autrement l'auteur de Genèse 1 entrerait en opposition avec l'affirmation de l'épitre aux hébreux précédemment citée quant à ce. Ce cas de figure ne pourrait être accepter. Le problème qui est le nôtre, est celui de montrer que le récit de la création se tourne uniquement que sur la personne de Jésus. Il est ici la Parole de Dieu écrite en 155 nombres disposés dans un ordre parfait que l'apôtre appelle « mystère dans lequel sont cachés tous les trésors de la sagesse et de la science » de l'Écriture qui parle de lui (Colossiens 3 : 2).

Peut-on lire et discerner dans les textes fondateurs de la Bible ce que leur auteur a voulu vraiment dire ? Pour n'avoir pas compris la façon dont il s'exprime, qui est commune à tous les autres compositeurs qui ont parlé de la part de Dieu dans la Bible ; on fait dire à ses écrits ce qu'il n'avait pas l'intention de révéler à l'Église et cela malgré l'existence de plusieurs textes de la Bible qui portent la lumière sur la signification des écrits de Genèse 1 et 2. Posons comme principe : les écrits de l'Ancien Testament sont expliqués dans le Nouveau Testament, chacun le sait, mais plusieurs n'arrivent pas à découvrir la manière dont les écrits du Second Testament font comprendre la signification de deux premiers chapitres de la création, le cas qui nous concerne. Certainement à cause du manque de l'information au sujet du style utilisé dans ces textes. La difficulté avec les textes de la création, est qu'étant écris à une époque très éloignée, pour les comprendre, nous avions tenté par une observation assez soutenue des documents de Genèse 1 et 2 de réduire la distance nous séparant de la logique de la rédaction de leur auteur. Ceci ne peut- être possible qu'avec l'aide de l'action du Saint-Esprit sur l'esprit de l'interprète désirant mener ce travail assez fatigant. Réduire la distance entre l'auteur de Genèse 1 et 2, c'est voir ces textes tels que les concevait celui qui les a écrits au moment où il les composait, car la pensée véritable du compositeur du récit de la création se trouve à la surface de ses écrits. C'est- à dire dans la manière d'ordonner ses idées dans son œuvre littéraire. La question au début de notre entrée se rapporte aux difficultés observées chez les lecteurs de toutes les catégories sociales dans leurs efforts de pénétrer les secrets de ces chapitres. Dans le but de fixer les esprits sur ces problèmes, nous sommes amenés à montrer de manière brève, deux voies empruntées par plusieurs interprètes comme l'a si bien exposé Franck Michael dans son livre intitulé : Le livre de la Genèse chapitre 1 à 11, (Michaeli, 1957). Certains pensent que les cieux et la terre au v.1 sortent de leur état initial au v.2 et qu'ils existeraient déjà sous forme inorganisée avant qu'ils ne fussent complétement achevés au v.9 à 10. Ce qui laisse dire selon cette dernière tendance que l'univers est créé à parti de l'eau comme matière qui a existé avant l'action créatrice de Dieu montrée au v.1 et 2. D'autres par contre digèrent mal cette idée, d'une terre qui existerait déjà avant la création de Dieu et n'approuvent pas l'idée de la création qui commence au v.2. Le second groupe d'interprètes voient le v.1, « Au commencement, Dieu créa les cieux et la terre », tel le début de l'invention d'un monde à partir du néant, et qui se poursuit au v.2, parlant de l'univers nouvellement crée dans son état difficile à distinguer ses contours jusqu'à sa forme définitive au v.10.

Remarquons que les défenseurs de ces deux façons de comprendre les écrits de la création, tentent en vain de se soustraire de l'affirmation tranchante de l'auteur de d'une épitre qui dit, citons : « C'est par la foi que nous reconnaissons que le monde a été formé par la Parole de Dieu, en sorte que ce qu'on voit n'a pas été fait de chose visibles ». (Hébreux 11 : 3). Ils ne voient pas en plus de cela que depuis le v.6 à 10, les cieux et la terre sortent des eaux comme matière organique, s'il faut accepter leur approche littéraire de Genèse 1. Cette compréhension de la création de l'univers à partir de la matière, qui est celle des tenants de la lecture littérale de Genèse 1, ne peut être acceptée à la lumière de la Parole de l'épitre aux hébreux citée précédemment témoignant de l'existence de l'univers par des choses non visibles et non palpables. Cette portion de l'Écriture est facile à lire mais difficile à discerner lorsqu'on peut le voir, sa dernière partie commençant par la locution conjonctive « en sorte que » comme le montre ce mot invariable, met ensemble d'un côté l'idée évoquée de la création telle qu'elle est écrite dans Genèse 1 et soutenue par les défenseurs de l'approche littéraire de Genèse 1 ; et de l'autre la brève explication de ce que son auteur entend par les eaux du commencement.

L'auteur du verset de l'épître citée précise son idée des eaux du début de la création de Dieu d'où est sorti le monde, qu'elles ne sont pas des corps matériels plutôt l'image d'une réalité spirituelle non perceptible aux yeux de l'homme. Car par la locution conjonctive ci-haut mentionnée. La Parole de l'épitre aux Hébreux citée fait connaitre de façon nette l'essence des eaux du commencement qui n'est celle des eaux qu'on trouve en abondance dans la nature. Le dictionnaire Émile Littré dit que dans l'emploi de l'expression « en sorte que », la phrase qui vient après ce mot invariable traduit le résultat à obtenir ou obtenu. La locution impose donc l'idée de faire voir clairement ce qu'est ce résultat. Ce qui signifie, l'interprétation de l'auteur de l'épître aux Hébreux sur Genèse 1, comme le dit bien Luc, le médecin, est un produit des longues recherches dignes de foi menées auprès des êtres détenteurs des savoirs sûrs. (1 :1). Le monde visible, ne provenant pas des eaux comme matière organique, ce qui laisse ouvrir la voie du sens figuré de la création de Genèse1, sa compréhension littérale ne pouvant pas résister au feu du jugement d'une seule autre Parole citée de l'Écriture. L'expression « en sorte que » est employée pour signifier également avec force et sans aucune incertitude l'idée que l'auteur de la création se faisait des eaux au commencement dans Genèse 1. La difficulté avec les défenseurs de la dernière approche (partant du v.2), ils tentent d'échapper à la force de la Parole pour ne pas tomber dans la même erreur commise par ses débatteurs (celle d'un monde tiré à partir de la matière). Le défenseur de l'idée d'un monde qui sort du néant font fi de l'affirmation du v.2 au profil de leur crédo ; et cela contre le témoignage de la Parole affirmant la présence des eaux qui précèdent la création. Car le v.6 à 10 de Genèse1, parlent du ciel et la terre qui sortent des eaux comme matière de leur existence, s'il faut s'en tenir à l'autorité des versets précédents.

Le texte de Genèse 1 pose trois problèmes à résoudre à savoir : celui du message transmis par son auteur aux croyants de son époque et qui reste d'actualité ; la question de découvrir l'aspect invisible de la Parole de Dieu à la base de la rédaction de Genèse 1 et 2 qui se révèlent des cryptogrammes ; et enfin le problème de la compréhension que son compositeur avait des mots employés dans son œuvre. Sont là les difficultés que nous soulevons, et que nous essayons de résoudre dans cette étude. La pénétration des textes de la création passe d'abord par la découverte des bases sur lesquelles ils ont été composés, car sont des écrits cryptés et rédigés sur base d'une série de nombres secrètement organisés. Nous avons trouvé donc que si on peut dire ce que sont les eaux du commencement dont parle l'auteur du récit, on découvrirait la clé de l'énigme et du coup l'apparente contradiction s'effacerait. Une telle démarche ne peut s'appuyer que sur la lecture symbolique de la création, c'est- à- dire ressortir Jésus- Christ dans les 31 versets Genèse1, sachant que toute l'Écriture parle de lui. L'opération inverse, c'est- à- dire n'ayant pas été soufflé(e) à l'oreille au préalable par le Saint- Esprit du contenu de Genèse 1 et 2, on ne peut pas pénétrer le secret de ces chapitres si difficiles à comprendre uniquement avec la raison. Il y a dans ces chapitres, dix façons dont la Parole se présente dans sa version originale en langage de nombres ; son expression secrète sur laquelle est composée l'histoire de la création. Un ensemble donc d'idées spirituelles décrites en langage de la sagesse divine, formant aux yeux humains un témoignage réel de l'histoire de la création. Cela est voulu ainsi dans le but de garder le secret de Dieu afin qu'il reste le seul pourvoyeur de sa pensée. Le récit de la création est donc une expression figurée de la Parole de Dieu qui l'a composé, laquelle est à l'origine de toute l'Écriture inspirée. De par sa nature, le Christ étant l'appellation d'un être spirituel qui précède le visible que nous lisons dans les écrits inspirés qui parlent de lui. Pour tenter de briser le silence qui entoure Genèse 1, il est juste de chercher dans le Nouveau Testament le sens que les apôtres donnent au récit la création. Nous exploitons d'abord 1 Jean 1 : 1 « ce qui était dès le commencement, ce que nous avons entendu, ce que nous avons vu de nos yeux, ce que nous avons contemplé et que nos mains ont touché, concernant la Parole de vie, et la vie a été manifesté, ce que nous avons vu et attendu, nous vous l'annonçons, à vous aussi… ». C'est la déclaration d'un témoin oculaire qui a vécu avec Jésus, la personne que l'apôtre désigne du nom de :« ce qui était au commencement » ; pour parler d'un Être à la fois, spirituel et matière. Jésus, qui est la Parole ; elle est d'abord invisible et ensuite visible, telle la personne vécue en Israël et dont l'histoire est écrite les Nouveau Testament. L'apôtre souligne là les 3 caractères déterminants et permanents de la personne qu'il ne nomme pas de manière expresse, mais qu'il situe à l'origine de la création : il s'agit d'un être spirituel ayant le pouvoir de communiquer avec les humains. Il s'impose à l'esprit par la force de la cohérence de son raisonnement (Marc 6 :2) ; enfin il a un corps matériel, tel que les apôtres l'ont vu en chair et en os. Aujourd'hui nous pouvons aussi le percevoir dans nos esprits au moyen de sa Parole ; c'est la tâche qui est la nôtre dans ce livre, de sortir Jésus- Christ dans le récit de la création qui parle de lui. Et c'est Jésus, le commencement et la Parole de Dieu.

L'apôtre Pierre, dans son deuxième épitre chapitre 3 :1- 5 met en garde les croyants contre l'erreur de s'éloigner de l'interprétation du Seigneur faite au sujet de la création et enseignée par eux que certains refusent d'admettre que Genèse 1 est l'annonce de sa venue étant qu'humain né en l'an 7 de notre ère tel qu'ils l'entendaient à leur époque. Si on situe dans le temps le discours de Pierre, certains répliqueraient que l'apôtre se réfère à un instant futur qui serait le retour du Christ, car le moment où Pierre parlait est un temps après la résurrection et l'ascension de Jésus. On ignore que les œuvres littéraires des apôtres ne sont pas seulement des écrits historiques de leurs parcours avec le Seigneur au sens strict de la notion du passé, mais ils contiennent de façon secrète en plus de cela, les explications des textes de l'Ancien Testament qui parlent de lui. Sinon, les écrits du Nouveau Testament seraient semblables à ceux des ouvrages ordinaires et manqueraient leur caractère divin qu'on les reconnait.

Cette façon de lire la Parole, c'est la capacité de se souvenir et de reconnaitre les Paroles des prophètes de l'A.T dans les écrits du N.T quand on les lit. Car l'apôtre fonde son discours sur cette bonne manière de saisir l'Écriture pour laquelle il cherche à la graver dans les esprits des fidèles du Seigneur. Faire le contraire, c'est ce que l'Écriture qualifie « d'interprétation particulière ». S'opposer de la logique de la Parole, on pense en vin pouvoir accéder aux secrets de Dieu. Pour y arriver, là doit intervenir la main de Dieu afin de réveiller l'intelligence et l'esprit de l'interprète pour être à mesure de saisir l'interprétation que les apôtres de Jésus donnent aux écrits de l'Ancien Testament. Le v.4 de 2 Pierre fait référence à l'outrage et au doute des incrédules à la vérité inspirée de Dieu du récit de la création enseignée par l'apôtre Pierre ; s'interrogeaient en se moquant de lui disant : « Où est la promesse de son avènement ? Car, depuis que les pères sont morts, tout demeure comme dès le commencement de la création ». On voit Pierre mettre en relation la vérité de 1, interprétation de Genèse 1 (la promesse de l'avènement de Jésus) rejetée par les incrédules et défendue par lui, et la source d'où elle est tirée qui est sans doute le texte de Genèse 1. L'apôtre parle de ceux qui ne voient pas la relation qu'il y a entre le récit de la création et la promesse du double avènement de Jésus, d'abord entant que la Parole faite chair et naît en l'an 7 de notre ère, ensuite sous son aspect spirituel écrite en nombres de cette même Parole qui est Jésus-Christ révélée dans Genèse 1 tel que l'entendaient les apôtres. L'apôtre Pierre, cherchait à tirer de leur lourdeur d'esprit ses contemporains afin qu'ils comprennent que l'enseignement qu'ils reçoivent de lui et des autres apôtres au sujet de Genèse 1 (qui est une promesse du double avènement de la Parole de Dieu), vient des Paroles des prophètes de l'Ancien Testament, d'où Jésus tira son interprétation qu'il leur a confiait tel un ordre.

L'évangéliste Jean attestant la vérité de la double nature de la Parole ; dit : « … la Parole était avec Dieu, ... », Pour parler en fait de l'Être spirituel qui a créé le monde et devenu humain du nom de : « commencement » ou l'origine des choses. Le commencement est un langage symbolique pour nommer la Parole qui est deux choses en elle. Invisible, la Parole se manifeste dans les œuvres de son expression, et prend des formes matérielles la seconde fois qu'elle s'exprime ; ce que veut dire Genèse 1 :1 et Jean 1 :1. Le commencement est aussi une idée divine que l'humain ne peut comprendre qui descend au niveau de l'expression que lui peut saisir. Malheureusement le message de Genèse reste toujours inaccessible comme le dit l'apôtre Jean : « la Parole était dans le monde, et le monde a été fait par elle, te le monde ne l'a point connu » (1 :10). La Parole (le commencement) est donc, l'existence de deux idées de natures différentes, c'est pourquoi Genèse 1 dit : « Au commencement, Dieu créa les cieux et la terre » ; c'est-à-dire autre appellation de la Parole (commencement) qui a deux aspects, l'un invisible et l'autre visible quand elle se manifeste, dit : « les cieux et la terre ». La nature étant l'aspect visible de la Parole de Dieu qui s'adresse à nous.

CHAPITRE VI. SIGNIFICATION SECRETE DE LA CHRONOLOGIE BIBLIQUE.

Le présent chapitre est conçu en vue de montrer le lien impénétrable entre la Parole de Dieu écrite en nombres et le temps, ce dernier n'est tout simplement qu'expression chiffrée de la Parole, particulièrement les différentes dates avancées dans cet ouvrage. Mais aussi pour comparer la chronologie biblique des certains chercheurs à celle que nous suggérons. Cette partie s'apparente au résumé de cet ouvrage au regard de l'utilisation de notre système de nombres (la version originelle de la Parole) qui est le sujet central du récit de la création, d'où naît le temps. Plusieurs ont cherché à appréhender ce qu'est le temps ; entre autres Gabriel Marcel, ce philosophe conclut que le « mystère du temps est au cœur de tout ce que j'ai pensé, sans que j'aie réussi le moins du monde à l'encapsuler dans rien qui semble à une théorie ». Mais pour nous, le temps est une mémoire secrète des Paroles de Dieu. Une telle est une condition d'une datation appréciable des événements bibliques. L'apôtre Pierre l'a si bien dit dans son épitre suivant le style biblique avant même que le philosophe ait vu la difficulté à saisir les attributs du temps, nous citons :

(v.10) « Les prophètes, qui ont prophétisé touchant la grâce qui vous était réservée, ont fait de ce salut l'objet de leurs recherches et de leurs investigations, (v.11) voulant sonder l'époque et les circonstances marquées par l'Esprit du Christ qui était en eux, et qui attestait d'avance les souffrances de Christ et la gloire dont elles seraient suivies. (v.12) Il leur fut révélé que ce n'était pas pour eux- même, mais pour vous, qu'ils étaient les dispensateurs de ces choses, que vous ont annoncées maintenant ceux qui vous ont prêché l'Évangile par le Saint-Esprit envoyé du ciel, et dans lesquelles les anges désirent plonger leurs regards ».

Une lecture légère ne peut saisir le message de ces versets ; par contre si on peut comprendre le raisonnement de l'apôtre Pierre, cela peut aider à sentir la suite de la pensée que nous voulons développer. Pierre conçoit le mot salut comme synonyme de la grâce (le thème même de sa lettre destinée aux juifs vivant à l'étranger convertis et croyant à la bonne nouvelle de Jésus) suivant le principe des Paroles harmoniques comme cela est manifeste, du v.10 au v.12. Ces trois portions de l'Écriture éclairent le sens du mot salut (grâce) selon que l'entendait l'apôtre Pierre. L'Évangile par le Saint-Esprit consigné en la personne de Jésus-Christ, l'apôtre le conçoit telle une aide ou la grâce que Dieu a faite aux croyants ;

bonne nouvelle qui autrefois était difficile à déchiffrer dans les écrits de l'Ancien Testament au temps des prophètes ; maintenant devenu accessible à nos jours grâce à la participation de multitude de personnes poussées par le Saint-Esprit en vue de porter la lumière sur les inaccessibles de l'Ancien Testament. Mystères que les prophètes plaçaient au premier rang de leur étude de la Torah les examinant avec beaucoup de peines, cherchaient à percer le moment de l'accomplissement des événements annoncés qui étaient tenus secrets et relatés de nos jours dans le Nouveau Testament. Comme fruit de leur quête, l'Église dispose aujourd'hui un exemple des croyants consciencieux de la toute-puissance de l'Esprit de Dieu pouvant les aider à réaliser l'impossible, bien que cela ne leur fut pas permit, les prophètes osèrent de toucher aux choses qui dépassées leur entendement vu que les écrits de l'Ancien Testament étaient difficiles voire impossible de pénétrer leur sens. Courage souligné par l'apôtre Pierre. Le fait pour lequel Dieu se plaint par son Esprit, ce que les croyants de notre ère possèdent tout ce qu'il faut pour connaitre le dessein de Dieu par son Esprit en eux, en plus les explications des Paroles des prophètes à leur disposition dans le Nouveau Testament, mais se plaisent dans leur torpeur pour ne pas se donner la peine d'explorer les secrets révélés et mis à la portée de tous aujourd'hui. La connaissance de la succession des événements dans le temps que les prophètes pouvaient accédaient hier qu'au terme des longues études des Saintes Lettres, aujourd'hui est accordée à l'Église en pur don de la grâce de Dieu. Mais il y a que les anges, nom qui signifie : les amoureux du savoir des temps, dans la pensée de l'apôtre Pierre au regard des versets ci-haut cité ; sont porteurs de ce désir car c'est un exercice qui exige de la hardiesse comme critère de ceux qui peuvent s'engager dans une telle entreprise difficile comme celle de la connaissance des temps qui était une exclusivité des prophètes.

VI.a. Le dessein divin révélé à Abraham

Excepté l'an 1967 de notre ère de l'histoire d'Israël qui est connue, correspondant à la 4ème génération dont il est question au v.16, Il y a 14 époques à retrouver depuis celle de la 99ème de la vie d'Abraham quand Dieu lui révéla l'avenir lointain de sa descendance ; et l'année du début des souffrances d'Israël en Égypte, sont-là les deux points de départ du plan divin selon Genèse 15 : 13 18 ; 17 :1. Si la lecture simple de ces v.13 et 18 renvoie facilement à l'année où Dieu s'est révélé à Abraham âgé de 99ème ans lui parlant de la destine de ses descendants ; il n'est facile de voir dans le même v.18 l'année de l'intronisation du Pharaon qui commença à maltraiter l'Israël. Car c'est depuis l'époque du d'un tyran égyptien que doit débuter le décompte des années dont les chiffres sont des mémoires des Paroles de Dieu au v.18 donnant aux fils d'Abraham un pays propre à eux après la servitude chez les Pharaons. Nous nous exerçons à découvrir ces deux époques introuvables dans aucun manuel de l'histoire, dans le but de montrer la complémentarité de deux facettes de la Parole de Dieu. Genèse 15 : 13, est l'une de face de la Parole de Dieu rendant publiques en des termes voilés les informations sur l'époque précise de la 99ème de la vie d'Abraham mais aussi l'année du début des 400 ans de servitude en Égypte. Il est possible de retrouver la première époque qu'avec l'aide de la version originale de ce verset, tandis que la seconde est déchiffrable seulement dans Genèse 15. Calculons d'abord le moment de la communication divine à Abraham. Pour ce faire, on ramène les Paroles de ce verset sur la 13ème colonne de sa forme chiffrée. Là, il y a le nombre 13 figurant Abraham et les neuf autres telles les images de ses fils, notamment : le 44, 75 ; 106 ; 137 ; 29 ; 60 ; 91 ; 122 ; 153. Remarquons, la présence du nombre 13 et un autre 13 dans la valeur 137 (cent trente- sept). Cette lecture se justifie du fait de la Parole de Dieu qui est double en elle-même. Et c'est en vertu de ce caractère double de la Parole de Dieu qu'au v.7 l'auteur du récit montre qu'au v.13, pour la seconde fois parle au temps future de l'idée d'exil comme celui d'Abraham (partit de son pays pour l'étranger), ses descendants depuis leur pays d'habitation (Canaan) s'expatrièrent en Égypte, un pays étranger. C'est pour cela qu'il est écrit au v.7 : « l'Éternel lui dit encore… » pour signifier la répétition de l'idée d'exil que l'auteur de Genèse 15 met en lumière dans les deux versets. Le v.7 évoque comme on peut bien le voir, l'idée de s'expatrier qui est clairement reprise au v.13. Le problème à résoudre est celui de trouver lequel de deux nombre 13 figure Abraham pour que les chiffres qui lui suivent puissent symboliser ses descendants ? Si la réponse à cette question est correctement trouvée, on découvrirait du coup l'époque où Dieu révéla à Abraham le destin de sa descendance promise. Sans doute la valeur 137 convient à l'écriture chiffrée qui puisse permet de calculer l'année que nous cherchons. On sait que le 7, c'est le chiffre figurant le passé de l'émigration d'Abraham et le 13, c'est l'exil annoncé. Ce qui veut dire, le calcul de l'époque de la 99ème de la vie d'Abraham se fera avec les nombres qui sont en-dessous de 13, il s'agit de : le 2, 6, 9, 12 et 15. Sur notre système de nombres, la lecture du v.13 se fait de façon verticale. Et les descendants d'Abraham (13) sont : le 2, 6, 9 ; et le 1, c'est l'image « d'un pays » étranger qui n'était point à eux. On ne peut pas aller au-delà de trois chiffres, s'arrête- là après le 13, car le chiffre 3, faisant partie de la dizaine (13) symbolise mieux ses descendant aux pluriels (269) qui sont concernés par la Parole. Le v.13

renseigne donc que ce fut en 2691 av. JC que Dieu révéla à Abraham les souffrances de ses fils en Égypte. Cette époque est découverte comme telle, car, nous comprenons le temps comme des mémoires secrètes des Paroles prononcées par Dieu pouvant être rappeler.

S'agissant de l'époque où les fils d'Abraham n'étaient plus les bienvenus en Égypte, le discours d'Etienne au Sanhedrin résolu cette question. Mais pour retrouver l'époque du début des souffrances d'Israël en Égypte prédites au v.13 de Genèse 15, nous nous appuyons sur les explications du chapitre 7 des Actes des Apôtres, éclairage fourni par le sage et intelligent discours d'Étienne.

La dimension du pays promit telle qu'elle est décrite au v.18 dans sa valeur minimum et maximale ; elle également délimitée pour la seconde fois de façon à nommer les portions des terres qui constituent ce pays, au v.19, 20, et 21. Ces nombres sont des données qui nous accordent la possibilité déterminer précisément l'époque que l'auteur de Genèse 15 appelle « ce jour- là » quand Dieu fit alliance avec Abraham. Ces nombres représentent parfaitement l'étendue du pays promit, car sont des valeurs qui tiennent lieu les 10 pays cités formant la superficie de ce pays révélée aussi au v.18. Le territoire attribué à la postérité d'Abraham, il est divisé en 2 groupes de 3 pays, au v.19 et 20 ; et à l'unique groupe de 4 pays au v.21. Lorsque la Parole dit : « Je donne ce pays à ta postérité, depuis le fleuve d'Égypte jusqu'au grand fleuve, au fleuve d'Euphrate ». Dans la pensée de l'auteur de ce texte, la grandeur initiale de ce pays qu'il dit être « le fleuve d'Égypte » est secrètement le nombre 19 mesurant le premier ensemble de 3 portions de ses terres ; et le nombre 21, la limite finale de sa surface symbolisant parfaitement le groupe de 4 parties de ce pays, c'est « le grand fleuve d'Euphrate » ou la grandeur maximale du territoire donné aux fils d'Abraham. La répétion « …au grand fleuve, au fleuve d'Euphrate », traduit de façon verbale le chiffre 2, de deux groupes de trois pays au v.19 et 20, qui doit être repris pour former la valeur numérique qui figure la surface accrue de ce pays en additionnant d'une (1) unité au chiffre 3 (3+1) pour trouver l'unique ensemble de 4 pays au v.21. La similitude des Paroles du v.18 et le groupe de trois versets (19, 20 et 21) étant établie par deux manières de dire la mesure du territoire promit ; la valeur 1921 qui l'évalue, est l'expression chiffrée de la dimension du pays dont parle la Parole, étendue tracée uniquement par ses deux extrémités au v.18. Avec le 19, la représentation du « fleuve d'Égypte » et le point initial de la mesure de la surface du pays donnée aux fils d'Abraham ; et le 21, le symbole du « fleuve d'Euphrate » ou la valeur maximale de son étendue. Nous disons, la Parole au v.18, décrit en extension ce pays promit désigné en compréhension aux v.19, 20 et 21 en citant tous les dix pays qui composent la portion de l'espace palestinien qu'il occupe, qui n'est pas autre que celui qui est mesuré au v.18. Autant que la dimension du pays promit s'étend du « fleuve d'Égypte » au « fleuve d'Euphrate », le v.18 montre par-là que l'expression « En ce jour- là » renvoie à l'idée d'une durée que nous saisissons comme la distance séparant une époque avant notre ère (que nous calculons) pendant laquelle la postérité d'Abraham se trouvait en Égypte sous le règne d'un Pharaon qui le fit souffrir 400 ans durant. Dès l'époque de ce Pharaon jusqu'en 1967 ap. JC (de l'accomplissement de la promesse faite aux fils d'Abraham, moment où Israël élargit son territoire à 27.799 km2). Le calcul de cette durée passe par la lecture attentive du v.18, renseigne de par sa structure littéraire, que le temps est cet espace secret délimité du pays promit. L'espace est donc une voix qui parle et dont les Paroles sont comparables aux eaux « des fleuves », se déplacent d'une époque dite « le fleuve d'Égypte » du séjour des fils d'Abraham au pays des Pharaons (que parle le v.13 de Genèse 15 et les Actes des Apôtres 7 :18) jusqu' en 1967 ap. JC, moment appelé ici « le fleuve d'Euphrate ». Ce qui veut dire, la durée que nous cherchons à découvrir telle qu'il est écrit, nous la saisissons au même titre que les Paroles de Dieu qui la font doublement connaître d'abord suivant sa dimension confidentielle définie au v.19, 20, et 21 ensuite au v.18. La première dizaine, le 19 représente « le fleuve d'Égypte » et la seconde, le 21 la valeur figurative du « fleuve d'Euphrate » comme les deux extrémités de la superficie du pays de la promesse présentée en extension. Le rapprochement de ces deux façons de déterminer la superficie du pays dont parle l'Écriture, est un moyen habile du langage pour montrer que cette étendue qui est une Parole prononcée par Dieu, elle est écrite sur base de sa première borde, le nombre 19, jusqu'à sa limite supérieure, le nombre 21 que nous comprenons comme les deux valeurs numériques extrêmes formant l'an 1921 av. JC selon le raisonnement qu'impose le v.18, le temps étant inséparable à l'espace.

Pour trouver depuis l'an 2691 av. JC les dix époques jusqu'à la mort de Joseph, nous soustrayons à cette année les âges des descendants d'Abraham à la naissance de leurs premiers-nés en commençant par Isaac.

Remarquons, notre chronologie résulte de la somme de trois sortes de savoirs : ésotérique premièrement, qui a conduit à trouver l'an 2691 av. JC, l'origine de notre mesure du temps. Deuxièmement la simple connaissance de l'arithmétique que tout le monde peut réaliser pour calculer le reste des dates jusqu'à l'époque de la mort de Joseph avec l'aide des données fournies dans livre de la Genèse en soustrayant à l'an 2691 av. JC aux âges des descendants d'Abraham à la naissance de leurs premiers-nés. Enfin, le savoir scientifique basé sur le lieu existant entre l'espace et le temps qui nous amenés à découvrir l'an 1921 av. JC, le début de l'esclavagisme d'Israël en Égypte ; et enfin l'an 1967 de notre ère trouvée à l'aide des données historiques reconnues par tous.

Tableau chronologique de la promesse faite à Abraham

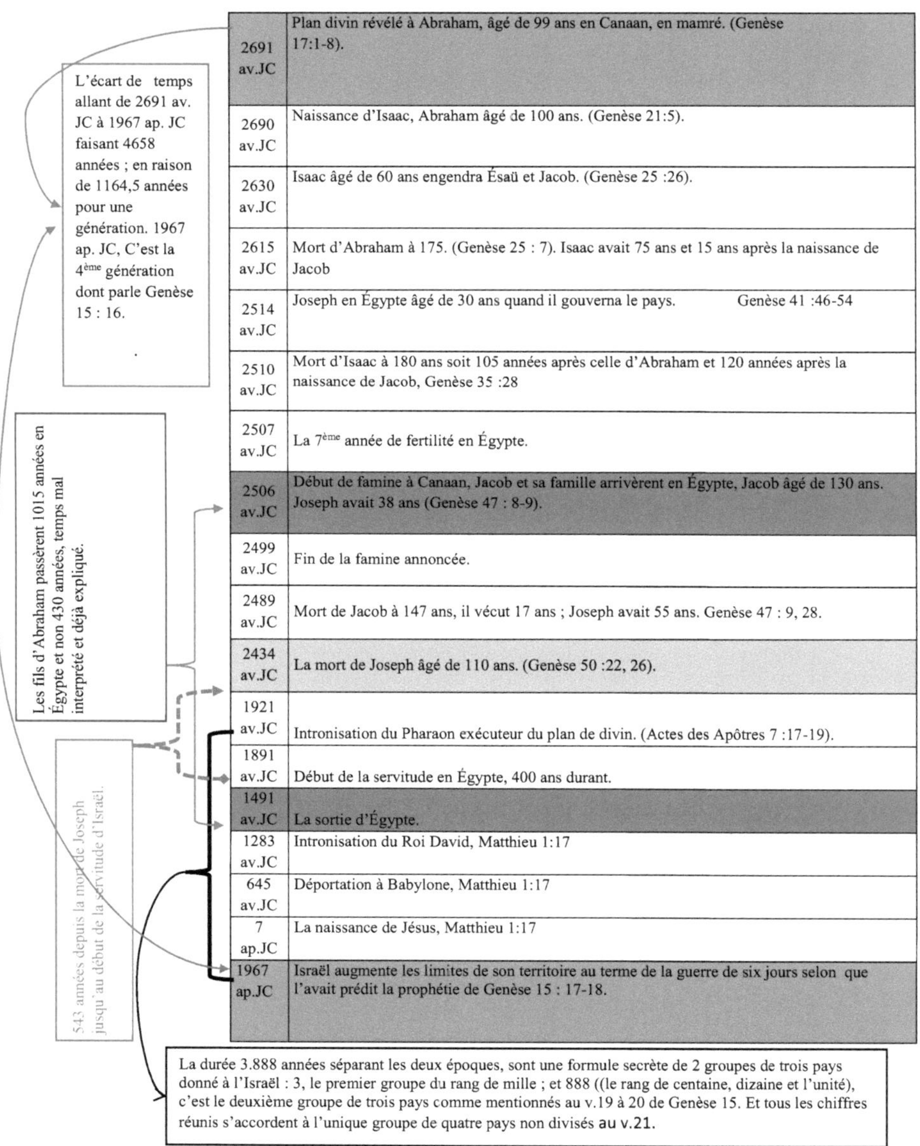

2691 av.JC	Plan divin révélé à Abraham, âgé de 99 ans en Canaan, en mamré. (Genèse 17:1-8).
2690 av.JC	Naissance d'Isaac, Abraham âgé de 100 ans. (Genèse 21:5).
2630 av.JC	Isaac âgé de 60 ans engendra Ésaü et Jacob. (Genèse 25 :26).
2615 av.JC	Mort d'Abraham à 175. (Genèse 25 : 7). Isaac avait 75 ans et 15 ans après la naissance de Jacob
2514 av.JC	Joseph en Égypte âgé de 30 ans quand il gouverna le pays. Genèse 41 :46-54
2510 av.JC	Mort d'Isaac à 180 ans soit 105 années après celle d'Abraham et 120 années après la naissance de Jacob, Genèse 35 :28
2507 av.JC	La 7ème année de fertilité en Égypte.
2506 av.JC	Début de famine à Canaan, Jacob et sa famille arrivèrent en Égypte, Jacob âgé de 130 ans. Joseph avait 38 ans (Genèse 47 : 8-9).
2499 av.JC	Fin de la famine annoncée.
2489 av.JC	Mort de Jacob à 147 ans, il vécut 17 ans ; Joseph avait 55 ans. Genèse 47 : 9, 28.
2434 av.JC	La mort de Joseph âgé de 110 ans. (Genèse 50 :22, 26).
1921 av.JC	Intronisation du Pharaon exécuteur du plan de divin. (Actes des Apôtres 7 :17-19).
1891 av.JC	Début de la servitude en Égypte, 400 ans durant.
1491 av.JC	La sortie d'Égypte.
1283 av.JC	Intronisation du Roi David, Matthieu 1:17
645 av.JC	Déportation à Babylone, Matthieu 1:17
7 ap.JC	La naissance de Jésus, Matthieu 1:17
1967 ap.JC	Israël augmente les limites de son territoire au terme de la guerre de six jours selon que l'avait prédit la prophétie de Genèse 15 : 17-18.

L'écart de temps allant de 2691 av. JC à 1967 ap. JC faisant 4658 années ; en raison de 1164,5 années pour une génération. 1967 ap. JC, C'est la 4ème génération dont parle Genèse 15 : 16.

Les fils d'Abraham passèrent 1015 années en Égypte et non 430 années, temps mal interprété et déjà expliqué.

543 années depuis la mort de Joseph jusqu'au début de la servitude d'Israël.

La durée 3.888 années séparant les deux époques, sont une formule secrète de 2 groupes de trois pays donné à l'Israël : 3, le premier groupe du rang de mille ; et 888 ((le rang de centaine, dizaine et l'unité), c'est le deuxième groupe de trois pays comme mentionnés au v.19 à 20 de Genèse 15. Et tous les chiffres réunis s'accordent à l'unique groupe de quatre pays non divisés au v.21.

L'écart de temps allant de 2691 av. JC à 1967 ap. JC faisant 4658 années ; en raison de 1164,5 années pour une génération. 1967 ap. JC, C'est la 4ème génération dont parle Genèse 15 : 16.

La série de quatre génération se présente comme suit :

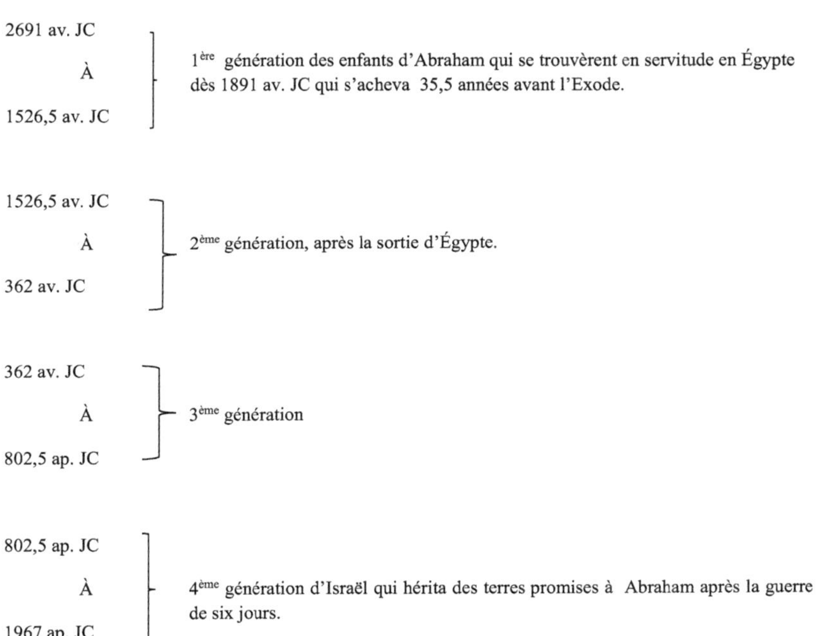

Depuis l'an 1921 av. JC jusqu'en 1967 de notre ère, il s'est écoulé 3.888 années, qui sont une écriture chiffrée de l'étendue des terres promises à Abraham et à sa descendance exprimée à la fois en compréhension et en extension. Cela se justifie lorsqu'on sait que le pays promit dans Genèse 15 : 18 s'étend : « depuis le fleuve d'Égypte jusqu'au grand fleuve d'Euphrate ». La distance entre ces deux fleuves étant la représentation de la durée allant de l'an 1921 av. JC à 1967 de notre ère ; les deux époques symbolisant les deux fleuves ci-haut cités. Les 3.888 années séparant les deux époques, traduisent en compréhension la même idée de l'étendue du territoire annoncé au v.18 de Genèse 15, quand on peut voir que la durée 3.888 années sont une formule secrète des terres données à la descendance d'Abraham. Avec le chiffre 3 (le groupe du rang de mille dans 3.888 années), figure le premier groupe de trois pays cités dans Genèse 15 : 19 « le pays des Kéniens, des Keniziens, des Kadmoniens ». Et le nombre 888 (le rang de centaine (8), dizaine (8) et l'unité (8)), symbolise le deuxième groupe de trois pays mentionnés au v.20 du même chapitre du livre de Genèse, citons : « le pays des Héthiens, des Phéresiens, des Rephraim ». Et tous les nombres réunis, le 3 et le 888 pour former 3.888, s'accordent parfaitement à l'unique groupe de quatre pays non divisés comme on le voir au v.21 : « le pays des « Amoréens, des Cananéens, des Guirgasiens et des Jébusiens ».

Ceci nous amène à concevoir l'espace et le temps au même degré que la Parole de Dieu qui les présente de façon précise. Comprenons que la durée 3.888 années s'affiche comme la troisième manière d'écrire et de présenter en secret la surface de la terre promise à Abraham. La première fois au v.18 et la seconde fois au v.19, 20, 21. Ce qui vient d'être dit, est une preuve que la précédente chronologie est justement calculée.

Une date de l'ascension au pouvoir en Égypte du Pharaon dont parle les Actes de Apôtres 7 :18 ; elle est tenue reproduire les Paroles de Dieu dites dans ces quatre versets cités précédemment sinon elle ne serait pas correcte. Voyons que les dates des événements réellement historiques en rapport avec l'Israël, sont des Paroles de Dieu composées cette fois- ci sous la version chiffrée de leur accomplissement.

L'année 1921 av. JC provient donc en vertu de la relation inséparable entre le temps et l'espace, d'un assemblage de trois groupes ordonnés des portions des terres formant un et un seul territoire indivisible dans ses limites déterminées promit à la postérité d'Abraham allant du premier au troisième au v.19, 20 et 21, l'idée répétée au v.18 de Genèse 15. L'étendue du pays annoncé à Abraham, révélée deux fois de manières différentes, il restait une autre façon de l'écrire, celle que nous montrons : 1921 av. JC ou 3.888 années, informations que Dieu sait et gardée dans son cœur depuis la nuit de temps ; c'est sur ces deux temps qu'il fit alliance avec Abraham. Le v.18 de Genèse 15 révèle secrètement que 3.888 années devaient passer avant que la promesse ne se réalisa ; et c'est le ciel où Abraham était appelé à regarder pour découvrir ce temps depuis l'an 1921 av. JC s'il le pouvait (v.5). Pour vérifier cette durée, il suffit de retourner la somme de ses chiffres que nous soutenons être l'écriture secrète da la Parole de Dieu dite dans Genèse 15 : 3+8+8+8 pour avoir 27, la somme de l'addition. N'ayant pas 27 versets dans ce chapitre, faisons : 2+7=9, la valeur correspondant au v.9 et aux 3 animaux de 3 ans et 2 oiseaux gardés entiers symbolisant le pays donné aux fils d'Abraham comme preuve de l'immutabilité de la promesse de Dieu. On sait que l'Israël est ce pays promit à aux descendants d'Abraham, fondé en 1948 de notre ère.

Ni été l'apport des précieux renseignements du N. T, nul n'aurait été à mesure de découvrir que le point de départ du calcul des 430 ans de la prophétie de Genèse 15, est précisément l'an 1921av.JC. Le discours d'Étienne au sanhédrin passe en revue la chronologie du plan de Dieu montré à Abraham de façon pas facile à saisir. Parlons d'abord des 400 et 430 ans, durées qui prêtent à confusion aux yeux de plusieurs qui affirment que la Parole avance deux mesures de temps différents durant lesquels les descendants d'Abraham passèrent en Égypte dans les conditions d'esclavages.

Contradiction ? Erreur ? Loin de toutes ces assertions, car les Paroles de la Bible, étant une alliance, obéissent à une logique toute particulière que l'on ignore. Les écrits de l'Ancien Testament fournissent des renseignements dans un langage peu clair et laissent le soin à ceux du Nouveau Testament pour plus des lumières, mais également dans un style obscur même lorsqu'on peut les associe, car cela demande de l'habileté qui s'acquiert sur la durée. Les parties de la Bible s'expliquent l'une de l'autre, leurs affirmations ne posent pas des difficultés, elles n'apparaissent par contre à cause de l'aveuglement spirituel de nos yeux en mal de voir la relation d'une idée d'un texte de l'A.T qui s'explique quelque part dans le N.T cela dans un autre langage différent de celui du premier. Comment comprendre le v.13 de Genèse 15 qui parle de 400 ans de servitude d'Israël en Égypte, et les 430 ans de leur séjour au pays du Nil dans Exode 12 :40- 41 ? L'étude comparée de ces deux références ne laisse rien comprendre que ce qui y est écrit ; et devient clair qu'avec les explications des Actes des Apôtres bien saisi dans l'esprit de l'interprète. Informations importantes à noter entre le v.13 et les détails avancés par Étienne relatif au silence entretenu dans l'énoncé de ce verset de Genèse 15 en rapport avec la longue durée de paix et tranquillité écoulée depuis l'arrivée de la famille de Jacob composée de 75 personnes (nombre que l'auteur du livre de Genèse ne révèle pas tel que le montre le 14ème verset du chapitre 7 des Actes Apôtres) jusqu'à une époque après Joseph, où la postérité d'Abraham passa sous la domination d'un tyran égyptien. Étienne renseigne au v.17- 18 qu'il se passa une longue durée de paix pendant le séjour d'Israël en Égypte avant que ne sonna le temps sombre de leur destin prédit au v.13 de Genèse 15 et clairement indiqué au v.19 des explications du diacre. Ce long moment de paix, l'Écriture la mentionne dans le discours d'Etienne et même l'événement qui a occasionné l'immigration de la famille de Jacob en Égypte pour ; des faits occultés dans Genèse15. Genèse 41 :55-57 ; 42 :1-5 ; 47 : 1-7. Ceci, pour affirmer le caractère explicatif et complémentaire des écrits du Nouveau Testament, qui de façon exclusive détiennent le privilège de révéler le côté caché des textes de l'Ancien Testament dans la mesure où on parvient à établir et discerner le lien entre les écrits de ces deux parties de la Bible. Et c'est la démarche que nous empruntons dans ce travail en essayant de montrer la relation qui existe entre le plan divin et les différentes époques mises en silence dans Genèse 15. Les 400 ans d'esclavage chez les Pharaons ne posent pas des problèmes pour plusieurs plutôt 430 ans ; parce qu'on ne comprend pas que dans le livre d'Exode 12 :40-41, la Parole fournit là une donnée importante pouvant aider à connaitre précisément l'année de l'intronisation de Pharaon exécuteur du plan de Dieu prévoyant 400 ans des souffrances d'Israël commençant sous son règne. Le livre de Genèse révèle tout ce qu'il faut comme information nécessaire dans l'établissement de la chronologie des événements en remontant le temps depuis l'an 1891 av. JC du début de la servitude d'Israël jusqu'à connaitre avec exactitude l'année où Dieu parlait à d'Abraham, celle de sa mort et les durées de vie de ses descendants. Ce qui explique la contradiction qui n'en est pas une qu'elle paraît être vraie entre l'affirmation du livre d'Exode d'un séjour d'Israël en Égypte qui s'élève à 430 années et 400 années de servitude chez les Pharaons ; nous estimons être le fait ne pas vouloir prendre en compte les 30 années comme un maillot de la chaîne des temps avant les 400 ans de la servitude en Égypte dès 1891 à 1491 av. JC. C'est-à-dire, le Pharaon exécuteur de la volonté de Dieu fut intronisé en 1921 avant notre ère et les souffrances des fils d'Abraham commencèrent en 1891 av. JC et s'arrêtèrent en 1491 av. JC. Dès 1921 à 1491 av. JC, il y a 430 années du séjour d'Israël en Égypte dont parle Exode 12 : 40-41, c'est-à-dire l'Écriture révèle en incluant aux 400 années connues d'assujettissement des fils d'Israël en Égypte aux 30 années du règne d'un Pharaon qui les maltraita. C'est ce qui justifie l'idée de la somme des années du séjour d'Israël en Égypte qu'on confond à la longue durée de 1008 ans durant laquelle l'Israël vécu chez les Pharaons depuis l'an 2499 av. JC quand la famille de Jacob y arriva composée de 75 personnes. Les 430 années du séjour des fils d'Abraham en Égypte sont à inscrire dans le style de prédilection des auteurs bibliques, qui consiste à parler de plusieurs idées réunies en une seule affirmation réservée qu'à ceux qui ont le discernement reçu en pur don de l'Esprit de Dieu pour les comprendre.

Et si nous acceptons que la souffrance d'Israël commença en Égypte en l'an 1891 av. JC, par conséquent il y a 3.839 années jusqu'à la naissance d'Israël. Ce nombre d'années, est « le ciel » où Abraham était invité à porter ses regards, s'il en était capable de découvrir les temps que devait traverser la prophétie jusqu'au moment de l'accomplissement de l'annonce de la fondation de l'État juif au v.18 de Genèse 15. Les étoiles qu'Abraham était censé compter, sont : le 3+8+3+9 qui sont égales à 23. N'ayant pas 23 versets dans ce chapitre, on aura : 2+3 =5. Cette somme, retournée dans Genèse15, représente parfaitement le signe ou le nombre représentant la Parole du v.5 de ce chapitre où Abraham (par sa descendance) devait posséder le pays promit. Voilà ce qui symbolise le décompte des étoiles du ciel. On additionne les chiffres parce que l'exercice demandé à Abraham était celui de compter le nombre des étoiles dans le ciel, opération qui évoque l'addition de ces corps célestes une par une. Le nombre 13, le signe de la somme des chiffres de l'année tenue secrète dans Genèse15 :13a, quand parut le méchant Pharaon avant l'ère chrétienne. Nous avons : 1+9+2+1 = 13, comme le dit le v.13. Les valeurs qui séparent les deux dizaines de l'année du début de la servitude 18 et 91 (1891av.JC), il y en a 14, c'est le nombre du v.14 de Genèse 15 ; cette distance représente parfaitement les 400 ans des souffrances en Égypte tel qu'il est écrit. L'opération inverse, c'est- à- dire on peut partir de la 14ème colonne en descendant jusqu'au nombre 91 situé sur la 13ème colonne, cela pour montrer que l'on revient sur ce qui a été dit à propos du v.13 qui renferme discrètement trois époques que nous faisons voir. Par le simple calcul, on peut voir que huit cents (800) années se sont donc écoulées depuis l'an 2691 av. JC jusqu'à la servitude d'Israël au pays de Pharaons en 1891 pendant 400 ans ; et 1200 années jusqu'à l'exode en 1491 av. JC. Le Seigneur faisant alliance avec Abraham, lui donna trois fois la preuve de sa Parole infaillible, établissant que sa promesse de lui donner une descendance et un territoire à sa postérité était vraie et irrévocable. Et parce que la Parole de Dieu est sûre, avec ses deux aspects, point de doute si on peut comprendre la relation forte qui existe entre l'Écriture et sa version chiffrée à l'origine de celle-ci, que le Seigneur promit à Abraham un pays à sa descendance en l'an 2691 av. JC tel que montrer dans les lignes qui viennent avant.

Et quand nous affirmons trouver dans Genèse 1 l'annonce de la naissance de Jésus en l'an 7, il faudrait que nos calculs s'alignent à ceux de Matthieu 1 : 17, et que nous répondions à la question : combien d'années séparent Abraham à Jésus-Christ ? L'apôtre Paul a répondu à cette question dans son épitre aux Galates 3 : 16 quand il explique dans son style la durée séparant Abraham à Jésus. L'apôtre précise sa pensée en se référant aux promesses faites à Abraham et sa descendance pour parler de la longueur de temps qui les sépare. Si on n'a pas examiné sérieusement le déroulement des événements prédits dans Genèse 15, il est difficile de saisir le raisonnement de l'apôtre Paul. Car au v.17, pour faire connaître sur l'axe chronologique du plan divin le point de temps où on doit mesurer la durée Abraham à Jésus, l'apôtre indique ce repère en évoquant la servitude en Égypte. Israël souffrit 400 ans durant sous la domination des Pharaons, c'est ce que Paul appelle « la promesse rendue vaine » dès 1891 à 1491 av.JC. Et quand l'apôtre dit : « la loi survenue quatre cent trente ans plus tard », il se rapporte certainement à l'an 1921 av. JC de l'ascension au trône du Pharaon qui maltraita l'Israël ; comme l'origine du décompte de 430 années, qui ne sont que les 400 ans de servitude en Égypte augmentées de 30 années du règne de ce Pharaon. Se fondant sur une chronologie initialement fixée par Dieu, L'apôtre Paul parle donc de l'an 1921, 1891 et 1491 av. JC, respectivement début du règne d'un Pharaon se mit à faire souffrir les enfants d'Israël à sa 30ème années et qui sortirent enfin 400 ans après. L'an 1921 av. JC, c'est l'année que parle l'évangéliste Matthieu et (1 : 17).

C'est ici l'ordre des choses dont parle l'apôtre Paul dans sa révélation de la première extrémité de l'axe de temps qui sépare Abraham à Jésus, raisonnement qui reste soumis au plan divin dévoilé dans Genèse 15 tel que nous le traçons dans notre tableau chronologique. L'ordre des choses est également confirmé par l'évangéliste dans

Matthieu 1 : 17 en montrant l'an 1921 av. JC comme le départ du calcul de trois époques de 14 générations chacune. Il est contraire à la logique de l'Écriture de compter les 430 années à partir d'un moment de la vie d'Abraham jusqu'à la servitude en Égypte.

Trouver l'an 1921 av. JC, l'origine du calcul de 42 générations ; ce résultat se vérifie, car la constance 14 générations laisse comprendre l'idée d'une époque d'un pouvoir qui domine sur un autre peuple. L'an 1891 av. JC, la postérité d'Abraham fut assujettie en Égypte à la 30ème année d'un Pharaon ; l'an 645 av. JC, l'élite juive passa sous la domination du roi Nabuchodonosor II. Nous avons fait appel aux donnée historiques pour les confronter à notre résultat au sujet de ce roi babylonien que les historiens situent son règne dès l'an 605 à 562 av.JC. Enfin, en l'an 7 de la naissance du Christ, c'était la 30ème année du règne d'Hérode Le Grand 1er, roi de Judée sous la domination romaine selon que l'on sait qu'il la dirigea de 37 av. JC à 4 ap. JC. Observons, la chronologie de Matthieu ne peut que débuter en l'an 1921 av. JC et s'achever en l'an 7 de l'ère chrétienne avec comme constance la 30ème année de règne du Pharaon méchant et celle d'Hérode Le Grand, roi de Judée ; temps qui est l'équivalent de la constance 14 générations dans la datation de Matthieu, car le nombre 14 est le similaire du nombre 30 sur notre système de nombres. Cela nous amène à accepter la datation fournie par les historiens du règne d'Hérode Le Grand 1er, car elle reproduit parfaite la Parole de Dieu.

Le simple calcul allant de 1921 av. JC jusqu'en l'an 7 de la naissance du Messie, donne 1914 années séparant Abraham à Jésus. La division par 3 de ce nombre donne 638 années, la valeur des 14 générations pour chacune de 3 périodes dont parle le v.17 de Matthieu 1. Une génération vaut donc 45,571428571428 années. Nous nous empêchons de fixer une génération pour 45,571 ou de l'arrondir à 46 années, ce qui déformerait le message de Dieu ce calcul, plutôt tous les douze nombres après la virgule comme pour signifier qu'il s'agit d'une génération de 12 tributs de la descendance d'Israël. Les auteurs bibliques ne comprenaient pas le temps de la même façon que l'homme moderne qui l'utilise seulement pour situer le passé, le présent et l'avenir, tandis qu'il est pour eux, le temps est un moyen habile d'écrire un message divin.

Ainsi on peut donc trouver 1283 av. JC, l'époque du règne de David ; et l'an 645 av. JC, celle de la déportation à Babylone ; enfin l'an 7 de la naissance de Jésus. Ces temps sont trouvés en soustrayant 638 dans 1921 av. JC pour arriver en l'an 1283, et soustraire 638 années, on tombe en 645 av. JC. L'opération continue en retranchant 638 années à l'an 645 av. JC (645- 638), on tombe en l'an 7. Cette année signifie que les 1914 années séparant Abraham (nom symbolique de l'an 1921 av. JC quand sa descendance commença à souffrir en Égypte) à Jésus ; se sont égrenées jusqu'à la naissance du Christ, vérifiant ainsi le témoignage de l'évangéliste Matthieu.

Il y a un autre moyen d'expliquer les 1914 années séparant Abraham à Jésus suivant le v.17 de Matthieu1 dans sa généalogie descendante. En plus que ce verset brosse en peu de mots la descendance historique d'Abraham, c'est une lecture secrète des 1914 années éloignant Abraham à Jésus, vérité que peu de gens voient. Commençant par : « il y a en tout quatorze générations depuis Abraham », cette portion du v.17, est une façon que l'évangéliste emploie pour lire secrètement le temps écoulé, partant de Jésus à Abraham ou du plus petit au plus grand que l'évangéliste attribue respectivement les valeurs 14 et 19 dans sa généalogie ascendance au v.1. Le nombre 14 étant la représentation de la constance 30ème année d'un pouvoir dominateur sur un autre peuple dans les trois périodes de temps de la généalogie d'Abraham. Et parce que le v.17 est l'équivalent du v.1 dans son sens inversé, commençant par Abraham (c'est-à-dire l'appellation figurée de sa postérité en Égypte en l'an 1921 av. JC) dès le nombre 19 qui devient la première dizaine de l'an 1921 av. JC ; c'est le plus grand nombre que le 14. Ce nombre, figure du Christ et dernier multiplicateur de 45,571428571428 années pour une génération de douze tribus des fils de Jacob vivant en Égypte à compter dès l'an 1921 av.JC. Ce qui fait numériquement 1914 années, la durée séparant le Messie et Abraham dans l'expression verbale de la généalogie ascendante et descendance d'Abraham au v.1 et v.17 réunissant les nombres 14 et 19 d'un côté ; de l'autre le 19 et le 14. Tels deux points de l'espace- temps formant 1914 années durée entre Abraham et Jésus.

On comprend que la généalogie d'Abraham permet de trouver l'année où commença la servitude d'Israël en Égypte et le temps écoulé jusqu'à Jésus suivant les explications de l'apôtre Paul dans son épitre aux Galates.

Les trois durées de 14 générations chacune du v.17 de Matthieu 1, ne peuvent pas être appliquer pour calculer le temps allant de la vie d'Abraham en l'an 2691 av. JC quand il vivait en Mamré jusqu'à la naissance de Jésus en l'an 7 de notre ère ; car la durée saute aux yeux par une simple différence de deux moments.

C'est ici le lieu de le dire, les écrits de la Bible ne font pas mentions des temps vagues, contiennent par contre les époques et les durées précises des événements relatés et qui prédisent les phénomènes futurs qui devaient et qui s'accomplit en Christ et continuent de se réaliser jusqu'à nos jours. Les prophètes en étaient informés, vérité que certains milieux scientifiques ne parviennent pas à digérer n'ayant pas été instruits de la partie secrète de l'Écriture capable de toucher à tous les domaines du savoir pourvu qu'on en découvre la clé pour le voir. On le sait, la partie cachée de l'Écriture étant faite des nombres ou des signes du langage divin que les humains s'en servent pour représenter le temps, ce dernier est par conséquent l'écriture secrète des Paroles de Dieu. Le temps, étant la représentation de des mystérieuses et infinies pensées de Dieu, qu'il est difficile à aux hommes de le définir de façon précise. Dieu utilisait les nombres depuis l'éternité pour écrire les lois qu'il a établi dans la nature, que les hommes ont découvert et s'en servent à leur tour pour représenter le temps. Cette loi de changement des choses est comprise comme le principe qui régit la succession des événements. À ce titre, nous entendons le temps, telles des Paroles de Dieu condensées et écrites dans leur version première, dites : la forme cachée de la Parole que l'on ne peut lire qu'avec la lumière que donne l'Écriture jouant l'office de l'horloge pour le dire. Ce qui donne au temps son caractère insaisissable et mal compris par certains historiens dans le traçage de leurs chronologies bibliques.

VI.b. La représentation des durées bibliques.

Nous faisons voir comment Etienne explique dans son discours devant le Sanhédrin les durées difficiles à saisir mentionnées dans l'Ancien Testament telles que les 430 ans. L'auteur de Genèse 15 Passa sous silence les 30 années de règne d'un Pharaon qui opprima l'Israël. Mais d'Étienne représente ces 30années par une unité séparant le v.18 au 19 du 7ème chapitre des Actes des Apôtres comme la valeur qui mesure bien ce nombre d'années, lorsqu'il parle sans la nommée, la durée écoulée à partir de l'année de la mort de Jacob jusqu'à l'ascension au trône du Pharaon méchant « qui n'avait pas connu Joseph. Ce roi, usant d'artifice contre notre race, maltraita nos pères, au point de leur faire exposer leurs enfants, pour qu'ils ne vécussent pas ». On comprend bien que le v.18 se réfère à l'année de l'intronisation de ce Pharaon et le v.19, sa 30ème année, c'est le raisonnement qui s'impose pour se conformer au simple calcul que parle Exode 12 :40-41, sachant que devaient s'écouler 400 années fixées pour l'esclavage des descendants d'Abraham. Le diacre Étienne fait voir par-là, la première partie du v.13 de Genèse 15 annonçant les souffrances des fils d'Abraham qui s'abattirent sur eux en Égypte. Le diacre se montre rationnel dans son développement ; il cherche à arranger les événements prédits dans l'ordre chronologique tels qu'ils se sont déroulés, mais prédites dans une disposition confuse dans Genèse 15 en 6 versets, dès le v.13 à 18. Cela se justifie du fait que les chapitres 41ème et 42ème de Genèse prennent en charge la partie restante des renseignements touchant l'immigration d'Israël parlent de la longue durée que passa par la descendance d'Abraham avant l'esclavage chez les Pharaons dès son arrivée sur le sol égyptien. Les 430 années ne sont pas à confondre à avec les

513 années de tranquillité en Égypte depuis la mort de Jacob avant les malheurs. La Parole figure cette durée (513 années) par le nombre 5, en 6 versets, de 14 au 19 du discours d'Étienne. (Cfr tableau chronologique). L'an 1891 av. JC, fut la fin du temps de jouissance en Égypte que le v.13 de Genèse 15 ne mentionne pas ; mais la Parole le dit de façon secrète dans les explications d'Étienne. Les 400 années de servitude en Égypte dans la seconde partie du v.13 de Genèse 15, Étienne les symbolise par le nombre 18, celui de la distance de cette durée, partant du v.19 au 36. Le nombre 18 représentant les 400 ans de servitude, est aussi la première dizaine de l'époque du début de leur décompte jusqu'au v.36 pour marquer la fin de l'esclavage des fils d'Abraham. Citons ce 36ème verset des Actes des Apôtres à son chapitre 7ème : Moïse, « c'est lui qui les fit sortir d'Égypte, en opérant des prodiges et des miracles au pays d'Égypte, au sein de la mer Rouge, ». Ici, Abraham, Jacob et Joseph n'étaient plus en vie ; cela pour s'opposer en passant à certains interprètes qui insèrent les patriarches dans les 400 ans de servitude en Égypte.

Il n'y a pas à confondre le temps de servitude en Égypte et la 4ème génération dont parle le v.16 de Genèse15, car la Parole prévoyait comme cela avait été dit à Abraham, que sa descendance retournera au lieu où Dieu se révéla à lui : à Mamré, pour l'avoir comme sa propriété. Après les 400 ans de servitude, les fils d'Abraham erraient dans le désert et les pays environnants, n'ayant pas des terres propres à eux ; mais Mamré où la Parole leur avait prévu, se trouve en Hébron, en Cisjordanie. Mamré était une ville cananéenne et conquise entre les mains des philistins pour y fonder la capitale du roi David. Les v.16 et 18 de Genèse15 montrent clairement que l'alliance de Dieu faite avec Abraham en faveur de sa postérité, concerne un pays qui sera le leur avec des dimensions précises qu'à la 4ème génération. Cela conduit à voir dans ce v.16, une prophétie qui touche à notre époque.

Le rapport fait entre le couple (30, 400) ans et les nombres d'unités du discours d'Étienne qui les mesure : 30 années pour deux unités, du v.18 à 19 ; et 400 années pour 18 unités, du v.19 à 36. C'est une façon de parler de deux événements différents : le règne d'un roi et début de la servitude d'Israël pendant 400 années, ayant comme point de convergence la 30ème année de ce roi, la valeur qu'on peut aussi comprendre par le nombre 18 commun à ces deux mesures de temps. Ce qui veut dire, il y a que les écrits du Nouveau Testament qui peuvent éclairer les affirmations difficiles à saisir de l'Ancien Testament. C'est ce qu'on appelle : la correspondance terme à terme, un moyen de rapprocher des idées de natures différentes pour bien les comprendre. Cette technique empruntée de l'Écriture, nous a permis (dans les paragraphes qui suivent) de comprendre la signification du mot alliance telle que l'entendaient l'auteur du livre de

Genèse et par conséquent, la façon dont la Parole de Dieu se révèle à nous dans les écrits de la création de la Bible de Genèse 1 et 2.

Le concept alliance est apparu au v.18 de Genèse 15, pour affirmer, premièrement le temps qui sépare l'année de l'ascension au pouvoir du Pharaon méchant en 1921 avant notre ère et l'époque de la réalisation de la promesse faite à la descendance d'Abraham de posséder un territoire à elle en 1967 ap. JC comme l'aboutissement du raisonnement de l'auteur du chapitre 15 de Genèse que nous étudions. Mais aussi pour faire voir la règle des Paroles semblables à la base de la rédaction du chapitre 15 du livre de Genèse et du récit de la création du même livre, qui ouvrirai la voie à comprendre la pensée développée dans cet ouvrage en rapport avec notre thème. Avant d'arriver à la démonstration de notre chronologie de l'an 1921 av. JC ; 1891 av. JC et enfin 1491 av. JC ; respectivement l'intronisation du Pharaon méchant et début de l'assujettissement en Égypte et enfin celle de l'Exode. Plusieurs chronologies sont avancées à ces sujets ; mais les dates proposées dans cette étude, nous estimons qu'elles sont les preuves d'une manière juste de comprendre et de résoudre les questions posées à Abraham au v.5 où Dieu lui promit une postérité qui devait habiter dans un pays strictement délimité mais mal connu. L'époque et les limites de ce pays révélées à Abraham sous la forme d'une énigme qu'il devait résoudre en dénombrant les étoiles ; exercice mettant à l'épreuve sa connaissance de la mesure du temps. L'épreuve devient la nôtre aujourd'hui pour tester notre capacité à comprendre le langage des mystères liés au temps.

VI. c. La règle de reproduction de la Parole.

La ligne directrice de ce point stipule, qu'une Parole d'un verset exprimée quelque part, doit être dite dans un même texte plusieurs fois de façon différentes qui n'apparaissent pas facilement être celle qu'on parle pour la première fois. Cette formule est éclairée par l'étude de la structure littéraire du chapitre 15 de Genèse ; l'examen renseigne sur deux tableaux du message transmis par son compositeur relatif à la succession des événements annoncés, à savoir :

- celui du sens figuré de l'année à partir de laquelle l'Israël devait être dominé en Égypte, du v.9 à 12 ;

- celui du sens propre de la même époque que tous peuvent voir, du v.13 à 18.

Les écrits bibliques ont plusieurs sens. Les trois animaux de 3 ans divisés en deux et 2 oiseaux non partagés, sont l'image du pays d'Israël (on le verra dans les paragraphes qui suivent), mais également celle de l'Égypte, pays autrefois appelé : « Deux pays », qui est un seul mais que l'on conçoit comme deux différents. Autant que la tourterelle et la colombe appartiennent toutes deux à la famille des pigeons, « oiseaux qui se nourrissent principalement de graines ». v.9 et 10. Les oiseaux de proie sont un langage pour parler des fils d'Abraham. Et c'est en Égypte que ces oiseaux de proie (fils de Jacob) montèrent pour y chercher de la nourriture. (Actes 7 :12-13). Au v.11 de Genèse 15, on comprend que « les oiseaux de proie » (ne sont pas à confondre avec ceux du v.9 et 10 qui sont les mêmes fils de Jacob), plutôt l'image des malheurs causée par les rois Égyptiens qui s'abattirent sur les fils d'Abraham à la recherche de la nourriture en Égypte, fuyant la famine en Canaan, ce que la Parole dit dans son langage : « Abraham les chassa », pour parler de sa descendance exilée en Égypte en 2506 av. JC à la poursuite de vivre. Et c'est en 1891 av. JC qui est dans le langage figuré : le « coucher du soleil » au v.12, quand « un profond sommeil » et « une frayeur et une grande obscurité » assaillirent Abraham ou ses descendants qui sont son prolongement. C'est le début des 400 années de l'assujettissement au pays des Pharaons jusqu'en 1491 av. JC, qui est la fin de ce temps des souffrances et la sortie d'Égypte. On peut voir que le v.12 dit de façon figurée l'époque de la servitude d'Israël au pays du Nil de même qu'au v.13.

Il n'est pas difficile de voir que le v.13 exprime l'idée de l'année l'an 1891 av. JC de la servitude des fils d'Abraham reprise pour la troisième fois dans ce verset depuis les versets 11 et 12 dans un langage différent. Ce qui veut dire : le v.13 cache en lui seul trois grands moments avant notre ère, à savoir : 1921, 1891 et 1491. En soustrayait 400 années depuis l'an 1891 av. JC, on tombe en 1491 av. JC, cette dernière année, est l'époque de la sortie d'Égypte. Dès l'an 1921 av. JC, retranchant 430 années (qui est une durée parmi d'autres du séjour d'Israël en Égypte), on tombe en l'an 1491av.JC. Nous le répétons, les 430 ans ne sont que les 30 année de plus ajoutées aux 400 années de l'esclavage en Égypte pour faire connaître l'époque de l'intronisation du Pharaon exécuteur de la prophétie dont parle les Actes des Apôtres. La génération des juifs et les scribes venant après Moïse et avant l'avènement de la prédication de la Bonne Nouvelle, dans toute leur savoir de la Torah ne pouvait pas expliquer les 430 ans qu'Israël passa chez les Pharaons, pour la seule raison le chemin des secrets de la Parole ne leur était pas encore ouvert comme l'a si bien fait Étienne. Il propose des sérieuses indications dans son discours devant le sanhédrin sur la chronologie de la prophétie de Genèse 15. La promesse de l'assujettissement en Égypte clairement affirmée au v.13, se rapporte aux trois époques éloignées depuis l'année de la communication de Dieu à Abraham. Les trois époques citées s'expliquent par les trois futures simple du mode indicatif employés au sujet de la descendance d'Abraham au v.13 et 14 ; nous citons : «

…seront étrangers… » se rapporte à l'an 1921 av. JC ; « …seront asservis… » à l'an 1891 av. ; Enfin « …sortirons… » à l'année 1491 av. JC. Ceci nous amène à voir la notion de 400 ans de servitude des fils d'Abraham au v.13 et leur sortie d'Égypte ; l'idée de cette durée se reproduit au v.14 et que ce dernier verset, est la seconde manière de révéler en d'autres termes et cachant l'an 1491 av. JC de l'Exode déjà évoquée au v.13. Le v.14, commençant par : « … je jugerai la nation à laquelle ils seront asservis… » ; mets en sourdine les 30 années précédant l'an 1891 av. JC du règne de Pharaon méchant. Cela en vue de souligner secrètement l'an 1921 av. JC qui est le point de départ dans le calcul de 430 ans du séjour d'Israël en Égypte dans Exode 12 : 40-41 et au v.13 de Genèse 15 et l'an 1491 av. JC de la sortie d'Égypte. Observons plusieurs idées du temps se cachent dans ce dernier verset de Genèse 15. Nous y reviendrons.

Les v.13 et v.14, sont donc deux Paroles identiques exprimées de façon distincte portant toutes la notion de 400 années du séjour d'Israël au pays d'Égypte sous l'oppression pharaonique ; mais aussi l'année du début de l'assujettissement et la sortie d'Égypte. Ici commence la première lumière sur le style de l'auteur du récit de la création de Genèse 1 et 2.

C'est au v.15 que les choses peuvent se durcirent pour plusieurs quant au style de la composition des textes bibliques aussi du récit de la création, car cette portion de l'Écriture explique le v.13, touchant aux temps éloignés après Abraham, quand ses descendants devraient se retrouver en Égypte et y être asservis en 1891 av. JC 400 ans durant et y sortir en 1491 av. JC pour commencer un autre long voyage dans le temps jusqu'à une époque fixée par Dieu, dite la 4ème génération pour posséder le pays annoncé. Cela nous conduit à affirmer que le v.15, est la 3ème expression du v.13 ; autrement dit, le v.13 s'est déplacé sur une longue durée de trois unités gardant l'idée maîtresse de l'an 2691 av. JC, dès ce moment, 800 années se sont écoulées jusqu' en 1891 av. JC, début des temps sombres de 400 ans en Égypte, Abraham était déjà mort.

Au regard de ce qui vient développé, le v.13 à 15, nous l'affirmons sont la 1ère série de 3 Paroles semblables et l'origine d'où il faut partir dans le temps pour arriver à la 4ème génération des fils d'Abraham dont parle le v.16. Parlant d'une série de quatre générations dont les années sont cachées ; ce verset rappelle sans doute l'an 2691 av. JC avant d'arriver à l'époque dite la 4ème génération. Le v.16 indique secrètement deux temps avant notre ère, dans l'ordre chronologique. D'abord l'an 2691, le point de départ du calcul de la durée que la promesse devrait parcourir jusqu'en 1967 de l'ère chrétienne. Ensuite 1921, l'époque de l'intronisation du Pharaon qui accomplit la promesse de l'asservissement de la postérité d'Abraham, à la 30ème année de son règne, soit en 1891 av. JC quand débuta le compte de 400 ans de servitude en Égypte.

Au v.16, commence la 2ème série de trois Paroles semblables en rapport avec la fin de la durée de la prophétiques qui coïncide à l'an 1967 ap. JC, époque citée aussi dans la première série de trois Paroles identiques concernant 2691 av. JC, l'origine du calcul des quatre générations pour montrer que l'auteur de l'histoire de Genèse 15 est cohérent dans son raisonnement. L'idée de la dernière année de quatre générations qu'on retrouve aussi au v.17 et qui s'achève au v.18 de la communication de Dieu à Abraham touche précisément la portion des terres revenant aux juifs lors du partage de la Palestine mesurant 14.000 km2 à sa création le 14 mai 1948 comme conséquence du vote de la résolution 181 du 29 novembre 1947 de l'Assemblée Générale de l'ONU. À l'issue de la guerre de six jours de 1967, l'Israël étendit ses limites de à 27.799 km2, superficie démontrée à l'aide des données relatives aux quatre fleuves d'Éden que nous comprenons à la lumière la version originale de la Parole, comme la valeur réelle de la dimension du pays promit aux fils d'Abraham en l'an 2691 av. JC. On peut comprendre que l'époque où Abraham avait 99 ans (2691 av. JC) est rappelée pour la troisième fois au v. 16 depuis le v.13 et 15. La 2ème série de trois Paroles semblables du style de l'auteur de Genèse 15, commence au v.16, 17 et 18 ; car l'époque que la Parole appelle « le coucher du soleil », débute sans doute en L'an 2691 av. JC. Cette année ou « le coucher du soleil », c'est la 4ème génération selon la prophétie, elle commence en l'an 1967 ap. JC, l'époque où la guerre de six jours éclata les pays arabes et les fils d'Abraham retournèrent en Canaan selon la prophétie. Canaan, correspond « plus ou moins aujourd'hui aux territoires réunissant l'État d'Israël ; la Palestine, l'ouest de la Jordanie, le Liban et l'ouest de la Syrie » ; et ce sont quelques-unes des terres de ces pays que Dieu promit à Israël. Quelques croyants s'indignent de cette justice qui trouvent injustice. Que pense de la Parole qui dit : « S'il enlève, qui s'y opposera ? Qui lui dira : Que fais-tu ? ». Job 9 :12. Si Dieu juge bon de donner ses biens à qui il veut, qui s'y opposera ? Le v.17 de Genèse 15 n'échappe pas au principe de reproduction des Paroles de Dieu du style de l'auteur, car le « coucher du soleil » dont il est question ici, c'est le soir du samedi 10 juin, quand sonna la fin de la guerre de 6 jours déclenchée par l'Israël le 05 juin 1967 contre les 5 pays, à savoir : l'Égypte, Syrie, Jordanie ; Irak et Liban. Ce conflit, ce que l'Écriture appelle figurativement : « une obscurité profonde » qui eut lieu au » coucher du soleil » ou encore la fin de la 4ème génération. Cette guerre de 6 jours est appelée aussi de façon figurée des flammes qui passèrent entre les six morceaux des animaux partagés, appellation prophétique de six belligérants de cette guerre de 1967. Les cinq pays arabes en guerre contre l'Israël, la Parole les appelle : les Amoréens, attaquèrent ce pays en 1948 pour leur premier crime dont le péché contre le Maître du ciel et de la terre qui donna à l'Israël un territoire, atteignit son maximum en 1967. On comprend alors, que le v.16 et 17 sont deux manières différentes de parler secrètement l'année 1967, qui est la 4ème génération au v.18. Le v.16 s'exprime pour la 3ème fois en des mots autres jusqu'au v.18 qui rappelle le moment de la 99ème année de la vie d'Abraham, quand Dieu fit alliance avec lui, l'origine du décompte de la 4ème génération. Comprenons que l'an 2691 av. JC découverte à l'aide de la version originale de la Parole ; ce temps est mis sous silence depuis le v.13, 15, est dit trois fois en des termes distincts comme cela saute aux yeux aux v.13, 15 et 18. Et l'année 1967 de l'ère chrétienne que la Parole désigne du nom de la 4ème génération au v.16, est reprise également trois fois en des mots autres que ceux du v.17 et v.18 ; le moment historique que l'Israël devait hériter le pays qui lui a été promit en 2691 av. JC. Observons, le déroulement des événements révélés qui attendaient la postérité d'Abraham aux v.13, 15 et 18 depuis l'an 2691 av. JC pour se réaliser en 1967 ap. JC, c'est l'aspect littéraire que présente l'Écriture que chacun peut voir, si on accepte cette chronologie démontrée. Tandis que l'observation la plus pertinente ici est que l'Écriture met l'accent sur la relation qui existe et qu'elle démontre entre le temps et la Parole de Dieu pour donner l'an 1921 av. JC, moment une fois découvert, est une porte qui s'ouvre et qui permet de saisir la signification du concept alliance.

L'Israël vécut 543 ans en paix en Égypte après la mort de Joseph ensuite tomba sous la domination 400 ans durant comme l'a annoncé la prophétie.

Au regard de toutes les explications sur Genèse 15, nous pouvons alors définir le concept alliance comme une connaissance sûre dite plusieurs fois de façons distinctes avec possibilité d'être représentée par un corps matériel comme condition de son exactitude. Cette Parole est celle de Dieu, lorsqu'elle est rédigée dans Genèse 15, elle se conforme à cette règle et détermine le style même de sa rédaction, nous l'avions montré. Signalons, les dates des événements bibliques traités ici, nous aident à comprendre avec plus des moyens de vérification du style que nous attestons être celui de l'auteur du récit de la création, qui est commun à tous les auteurs qui ont parlé de la part de Dieu. L'alliance entre Dieu et Abraham, cette loi des idées des Paroles qui se répètent fondant l'impénétrable révélation du dessein de Dieu à son serviteur ; ce principe demeure le même que nous dévoilons qui gouverne l'ensemble d'information divines transmises aux hommes par le canal de sa Parole écrite en la personne de Jésus-Christ dans le récit de la création de Genèse 1 et 2.

VI.d. Concordance entre le système de nombres et les écrits bibliques.

La relation que nous montrons entre la forme originelle de la Parole, qui est notre système de nombres, et les textes de la Bible ; lien développé au chapitre Iv quant à l'année 1921 av. JC, qui est l'origine de notre chronologie biblique. Le temps, vu ici comme la Parole que Dieu exprimée et écrite en caractères numériques, cette définition est une loi de vérification des chronologies que l'on suppose êtres celles qui correspondent aux indications bibliques. Le principe consiste à additionner les chiffres d'une date trouvée qui serait celle dont parlent les écrits bibliques d'un chapitre ; la somme doit être le verset ou nombre fournissant les indications en rapport avec l'événement concerné.

Un auteur d'un sujet sur la chronologie tiré (www.ctrussell.fr/vol2) affirme avec raison que « ... le monde n'a aucun moyen, en dehors de la Bible, pour suivre les traces de la chronologie au-delà de l'an 776 av. JC de la première victoire grecque remportée aux jeux olympique » comme le point de repère de leur calcul de temps historiques évoquant le professeur Fisher du Yale Collège qui fait des révélations sur des dates historiques connues. Nous sommes d'accord avec au regard de la chronologie que nous proposons découverte avec l'aide de la version chiffrée de la Parole de Dieu.

La chronologie biblique existante qui date la sortie d'Égypte en 1446 av. JC, nous vient des écrits de la Bible hébraïque laissés en héritage par les maîtres juifs. Ces connaisseurs juifs dits Massorètes, ont joué un rôle important dans la protection des textes sacrés, mais ils ne détiennent pas l'exclusivité de la connaissance de la volonté divine et du sens final des écrits de la Bible qui y est cachée, il est juste de le préciser. L'apôtre Paul, qui fut un grand connaisseur de la Torah, ignorant par contre les secrets de Dieu gardés dans les Saintes Lettres, insuffisance qu'il a reconnue plus tard après son contact avec une autre forme du savoir qui vient de l'Esprit de Jésus-Christ pour qualifier de déficit, la connaissance reçue du judaïsme au regard de la nouvelle l'intelligence dont il était bénéficiaire lui venant du ciel qui lui rendu capable de comprendre le sens profond des Écritures que la sagesse de sa religion ne lui donna pas. Philippines 3 : 1- 8. Les données en relation avec les époques telles que les révèle la Bible, il n'était pas possible de les connaitre de manière exacte avant la venue des écrits du Nouveau Testament. En plus la dation venant des juifs des siècles avant Jésus-Christ, soient-ils érudits, leur chronologie était et reste des savoirs approximatifs, car il ne leur pas était autorisé de connaitre les époques fixées du plan divin avant l'avènement des écrits du Nouveau Testament, qui seuls peuvent éclairer les pensées de ceux de l'Ancien Testament. Ce qui fait que dans leur tâtonnement de trouver la vérité du plan de Dieu, les Massorètes se sont perdus en partant d'une convention dite : la « Grande Année » faisant de l'an 4.000 av. JC, le point de départ de l'histoire de la création du monde et qui pris fin en l'an 164 av. JC de la dédicace à l'Éternel du second temple par les Maccabées. Ce point de départ de la chronologie biblique n'a rien avoir avec la pensée de Dieu plutôt un accord entre les hommes et donc attaquable car on ne sait pas ce qui justifie de façon acceptable cette date. Il y d'un côté la chronologie dite de Néhémie, les anciens l'étendaient de l'an 3.500 av. JC de la création jusqu'à son époque que les chercheurs situent vers l'an 4000 av. JC et de l'autre celle de Saros date l'origine du monde en l'an 4566 av. JC. Le point commun de ces différentes datations des événements bibliques, est qu'elles procèdent toutes par l'addition des âges des patriarches dès la naissance de leurs premiers-nés et ceux des rois qui se sont succédés au cours de l'histoire de l'Israël. On situe donc Abraham vers l'an 1813 av. JC et la sortie d'Égypte en 1446 av. JC, la datation la plus répandue. Ce qui veut dire, depuis Abraham jusqu'à l'Exode il y a 367 années. On ferme les yeux pour ne pas voir que la dation ne reflète pas la pensée de l'Écriture, car la durée entre les deux époques n'est même pas à la hauteur des années 400 années de servitude en Égypte. Ce qui veut dire selon cette datation, que la postérité d'Abraham a vécu en Égypte et sortit après 367 années de paix sans y être asservie pendant 400 ans. Il y pas de logique dedans. Pourquoi une telle chronologie est-elle mondialement acceptée et enseignée jusqu'à nos dans des grandes universités ?

Et pour certains, la sortie d'Égypte eut lieu en 1496 av. JC, la date qui est proche de notre d'une différence de 5 années seulement (1491 av. JC) ; mais ne traduit pas elle la pensée de Dieu lorsqu'elle est ramenée dans sa version originelle pour éprouver son exactitude, le temps étant une écriture chiffrée des Paroles de Dieu contenues dans la Bible. Par contre notre calcul est vérifiable en vertu du principe de reproduction des Paroles de Dieu. L'époque de la sortie d'Égypte que nous la fixons en 1491 av. JC à partir de l'an 2691 av. JC. Ces deux moments ne peuvent être exacts que si la durée 1200 années qui les séparent, est une écriture abrégée et secrète d'au moins deux Paroles de Dieu de Genèse 15 qui les mentionnent.

On peut le voir, les 1200 années passées entre l'époque où Dieu parlait à Abraham et la sortie d'Égypte, est un langage sacré et habile de parler d'une limite de temps clairement exprimée dans le v. 12 et v.15. Et pour le montrer, partageons cet espace de temps en deux groupes de ses chiffres : le groupe de 12 et celui de 00. Nous retrouvons ces deux ensembles de nombres, chacun à ce qui le concerne, au v.12 et le v.15 de Genèse 15, qui est le lieu de la vérification de l'exactitude de 1200 années écoulées entre 2691 et 1491 av. JC. Le nombre 12 correspond au 12ème verset du chapitre de

Genèse 15, parlant de la 30ème année ou le moment qui tendait vers la fin du règne d'un Pharaon qui pour la première fois commença à maltraiter l'Israël, l'instant compris dans son sens figuré. L'auteur du récit désigne ce temps par le « coucher du soleil » quand « un profond sommeil tomba sur Abram », c'est- à- dire l'instant où ce roi commença à faire mourir ses fils par la ruse comme le témoigne le v.19 du chapitre 7 des Actes des Apôtres. Autrement dit : l'année où « une frayeur et une grande obscurité vinrent assaillir » Abraham, pour parler des souffrances qui s'abattirent sur ses descendants pendant un temps limité à 400 ans. Nous assimilons dans Genèse 15 : 12 Abraham à sa postérité, car elle est le prolongement de sa vie que ce verset est compris dans son sens figuré traduisant la même pensée que le v.13 en vertu du principe de la reproduction de la Parole de Dieu. Et le 00, c'est l'expression chiffrée de l'idée du déclin de la vie d'Abraham qui est répétée au v.15 de Genèse 15 en deux façons différentes : aller vers ses pères et être enterré après une heureuse vieillesse. C'est l'expiration de nombre des jours d'Abraham sur terre fixés par Dieu à 175 années que nous représentons mathématiquement par les chiffres : 00 ; zéro repris deux fois pour signifier l'idée de la fin de la vie d'Abraham qui est répétée. Nous acceptons le calcul d'une telle datation des événements bibliques qu'après avoir été à mesure de montrer à la lumière de la Parole que la date dont on parle est une reproduction d'une pensée divine, sachant que dans l'Écriture, le temps est une mémoire secrète des Paroles de Dieu susceptibles d'être rappelées. À cette condition seulement qu'une datation peut être jugée exacte et conforme à la pensée de l'Écriture.

Constatons, toute tentative de dater les événements de Genèse 15 ne peut s'appuyer désespérément que sur l'an 1967 av. JC, seule donnée historique vérifiable en rapport avec l'Israël contre 14 autres impossibles à calculer uniquement avec les informations de la Parole écrites dans la Bible. Une moindre connaissance venant de la forme chiffrée de la Parole estimée à 7,6 pourcentage, permet de trouver 11 réponses sur 13 concernant la chronologie du plan divin sur le passé lointain de l'Israël se fondant aux témoignages bibliques partant de 2691 à 2434 av. JC. Tandis que qu'une lecture pas comme d'ordinaire de l'Écriture peut rendre possible d'y retrouver l'an 1921 av. JC à 1967, quatre époques qu'on peut parvenir à trouver rien que par une intelligence qui vient de la main de Dieu.

Ce qui conduit à mettre en lumière le caractère double de la Parole de Dieu et qu'elle relève du domaine ésotérique contrairement à une certaine opinion qui soutienne que la Bible n'est pas un livre caché et qu'elle affirmerait rien d'autre que ce qui y est écrit accessible à tous. Le 31ème chapitre de la prophétie de Jérémie comme certains spécialistes de l'Ancien Testament l'ont observé est articulé « entièrement sur la restauration, la prospérité et la paix d'Israël ». (Nouveau Commentaire Biblique, éd. Emmaüs, Saint-Legier, 1984, p. 671). Mais nous remarquons que ce chapitre est écrit autour des événement qui s'étaient passés lors de la sortie d'Égypte. Disons déjà qu'au-delà de la publication de l'avènement de la Nouvelle Alliance que chacun peut lire dans les v.31-32, Jérémie parle par révélation reçue de Dieu faisant connaitre de façon confidentielle l'année de la sortie d'Égypte, qui est aussi celle du brisement prophétique des premières tables de l'Alliance, Car la prophétie ne publie pas seulement les événements avenir, elle vient en plus de cela porter la lumière sur les autres annonces existantes comme on peut le voir. Le prophète Jérémie explique le sens de la destruction des tables de la loi, un geste annonciateur de la rupture qui devait exister entre les écrits de l'Ancienne Alliance et ceux de la Nouvelle Alliance tandis qu'elles sont les mêmes qui est aussi celle Paroles de Dieu écrites deux fois. Dans la pensée de Dieu, la loi écrite sur les tables des pierres était une manière de montrer au peuple ses péchés. Dieu avait vu à l'avance l'attachement reprochable de ses fidèles aux textes de sa loi qui ne sont que les témoignages de la Parole, au détriment de la pensée de sa Parole qu'il a exprimée avec sa voix devant Moïse avant même de lui donner la loi. Nous citons : « Lorsque l'Éternel eut achevé de parler à Moïse sur la montagne de Sinaï, il lui donna les deux tables de pierre, écrits du doigt de Dieu ». Exode 32 :18. L'Écriture souligne sans doute la primauté de l'esprit de la lettre sur la lettre de sa Parole, correspondent à l'Ancienne Alliance et la Nouvelle pour employer le terme biblique. L'esprit de la lettre, c'est ce que nous appelons la Parole à l'origine de la création, elle est inarticulable écrite en caractères numériques et ; tandis que la lettre de la loi vient après et rédigée sur base de la première.

Revenons sur l'époque de l'Exode que nous prétendons avoir lieu en 1491 av. JC selon l'Écriture.

Les écrits bibliques étant ésotériques, parlent en cachette de l'an 1491 av. JC en remplaçant ce temps de la sortie d'Égypte par la conjonction « quand » ou par l'expression « le jour où » dans certaines versions pour parler de cette époque de façon vague, car c'est un secret.

Les versets 31 et 31 de la prophétie de Jérémie étant des écrits ésotériques, parlent en cachette des nombres 14 et 91 de l'année de la sortie d'Égypte. L'an 1491 av. JC est remplacée par la conjonction « quand » ou par l'expression « le jour où » dans certaines versions pour évoquer cette époque de façon vague, car c'est un secret.

Parce que la publication la Nouvelle Alliance a été faite l'année d'Exode, 1491 av. JC, il est possible de monter de nouveau dans la Parole de Dieu la manière dont Jérémie l'a révélé secrètement. C'est la vérité que veut révéler Jérémie. La Nouvelle Alliance dont les Paroles favorables dites à l'Israël sont remarquablement opposées à celle faisant connaitre l'Ancienne Alliance marquée par le brisement des tables de la loi et par la fin de la servitude au pays de Pharaon. Cela se voit lorsque Jérémie parle de la part de Dieu en ce qui concerne la façon dont sera faite Nouvelle Alliance nous citons : « Elle ne sera pas comme celle que j'ai conclue avec leurs pères quand je les ai pris par la main pour les faire sortir d'Égypte... ». Ceux qui peuvent le voir, comprennent que la Parole du v.32 est un écrit codé attribuant à l'éternel qui parle, la valeur 14, la première dizaine de l'an 1491 av. JC de la sortie d'Égypte. Par conséquent, le 91 figure le peuple d'Israël. L'idée du peuple d'Israël sera plus commentée quand nous parlerons du v.1 de Jérémie 31. Pour vérifier si l'Exode eu lieu en 1491 av. JC et que notre affirmation du caractère codé de cette Parole est-elle vraie et que le nombre 91 représente t- il réellement la postérité d'Abraham pour laquelle la promesse de la Nouvelle Alliance fut prononcée en la même année de la sortie d'Égypte ? La réponse à cette ne peut qu'être le retour des trois nombres de l'année de la sortie d'Égypte dans le chapitre 31 de la prophétie de Jérémie (qui évoque ce temps), notamment : le 14, 9 et le 1 pour voir si les Paroles de ces trois versets (trois nombres cité-ci haut) sont- elles vraiment celles de l'annonce de l'avènement de la Nouvelle Alliance prédite en l'an 1491 av. JC portant les Parole de Dieu dites à l'Israël lors de la sortie d'Égypte selon qu'on sait que le temps est un livre ésotérique contenant les Paroles de Dieu écrites en caractères numériques.

La prophétie de Jérémie 31 : 31-32, étant écrite sur fond des nombres de l'an 1491 av. JC ; 14, la première dizaine de cette année, est probablement la valeur représentative de Dieu qui parle à « la maison d'Israël et la maison de Juda » fait revenir à la mémoire le souvenir des Paroles de Dieu relatives aux faits racontés concernant la sortie du pays des Pharaons. Cette vérité s'impose lorsqu'on peut lire avec attention dans leur ordre les versets de ce chapitre correspondant aux nombres 14, 9 et 1 de l'année d'Exode.

Le rappel de la sortie d'Égypte saute aux yeux au v.14 de Jérémie 31, citons : « Je comblerai les prêtres de la graisse des viandes. Mon peuple se rassasiera de mes biens, dit l'Éternel ». Cette Parole ramène à la mémoire la promesse de Dieu faite quinze jours après la sortie d'Égypte aux enfants d'Israël qui parlèrent contre Dieu se souvenant de l'abondance de la viande et du pain qu'ils pouvaient avoir à leur souhait en Égypte. De la part de Dieu, la réplique est venue de Moïse dit aux enfants d'Israël : « vous le saurez ce soir, quand l'Éternel vous donnera de la viande à manger, et demain lorsqu'il vous donnera du pain à sa satiété, car l'Éternel a entendu les plaintes que vous avez formulées contre lui ». Exode 16 : 8. (Bible du Semeur).

Après avoir vérifié que le nombre 14, de l'année d'Exode évoque réellement la gloire de la Parole de Dieu manifestée à la descendance d'Abraham qu'il nourrit au désert à leur faim tel que le dit bien le verset du chapitre d'Exode qui vient d'être cité. Passons au deuxième examen du second nombre, le 9. La Parole de ce nombre du chapitre 31 de Jérémie dit : « Ils reviendront en pleurs avec des supplications, je les ramènerai et je les conduirai vers les cours d'eau par un chemin bien aplani où ils ne trébucheront pas. Car je serai un père pour l'Israël, et Éphraïm sera mon premier- né ». (Louis Segond 2010).

Cette Parole de la prophétie de Jérémie est une condensée remémorative de deux Paroles de l'épisode de la sortie du pays d'Égypte au 14ème chapitre d'Exode, notamment le v.10 et 9 énumérés dans l'ordre de leur rappel. (9), « Les égyptiens les poursuivirent ; et tous les chevaux, les chars de Pharaon, ses cavaliers et son armée, les atteignirent campés près de la mer, vers Pi Hahiroth, vis-à-vis de Baal- Tsephon. (10), Pharaon approchait. Les enfants d'Israël levèrent les yeux, et voici, les égyptiens étaient en marche derrière eux. Et les enfants d'Israël eurent une grande frayeur, et crièrent à l'Éternel ».

On voit dans Jérémie 31 : 9, le prophète montre sans le dire en des mots clairs qu'il s'agit de l'Égypte, le lieu du chemin de retour de la descendance d'Abraham depuis ce pays vers la terre promise où il habitait. En rapprochant le v.9 de l'Exode 14 et le v.9 de Jérémie 31, remarquons que la dernière Parole nous donne la signification du nom Pi Hahiroth, qui veut dire : jamais ne peut sombrer. C'est le contraire qui arriva contre les ennemis d'Israël, n'ayant pas Dieu pour protecteur. C'est pourquoi Dieu par Moïse parla à l'Israël marqué par la peur de mourir soit par l'épée de l'armée de Pharaon soit mourir noyé dans la mer rouge, il les encourageant : « N'ayant pas peur ! Tenez-vous là où vous êtes et regardez-la ! Vous verrez combien l'Éternel vous délivrera en ce jour ; ces égyptiens que vous voyez aujourd'hui, vous ne les verrez plus jamais ». Exode 14 : 13.

Et la phrase : « … et Éphraïm sera mon premier-né » explique le chiffre 9 de l'an 1491 av. JC que Jérémie remplace par le nom Éphraïm. Il est le deuxième fils de Joseph né en Égypte, désigné comme tel, Dieu révèle-là l'ordre qui règne entre les nombres de l'année de la sortie du pays des Pharaons. Dieu, la valeur 14, est l'architecte de la disposition entre les nombres de l'an 1491 av. JC.

« En ce temps-là, l'Éternel le déclare, moi je serai le Dieu de toutes les familles d'Israël, et ces familles seront mon peuple ».

Enfin, le 1, le second chiffre de la dernière dizaine de l'an 1491 av. JC retourné dans Jérémie 31 : 1, cette, la Parole de ce verset met en lumière la Nouvelle relation pères fils entre Dieu et l'Israël, affinité déclarée sur base de l'époque de d'Exode comme le dit le v.32 de ce chapitre. La valeur 14 et 9 seules, réunies ne peuvent convenir à cette Parole de Jérémie citée, car pour la reproduire parfaitement en caractères numériques cette portion de la prophétie de Jérémie évoquant la promesse de Dieu faite à l'Israël en 1491 av. JC, le nombre 1, et pas un autre devait s'ajouter aux deux premiers en vue de se montrer loyal aux témoignages divins. Et c'est en 1491 av. JC comme la Parole de Dieu le dit, il promit de renouer la proximité cassée entre lui et l'Israël.

Découvrir la date précise du processus de retour de la postérité d'Abraham à la terre promise depuis l'Égypte, ressemble de nos jours à l'accomplissement de la prophétie de Jérémie proclament la Nouvelle Alliance qui unit Dieu (1ère dizaine) et son peuple (2ème dizaine de l'Exode), c'est concorder le son émit par la Parole relative à la l'annonce de la servitude en Égypte et celle de la sortie du pays du Nil. C'est aussi le fait d'écrire de nouveau les premières tables des Paroles de Dieu qui ont été brisées, car la chronologie qui ne remplit pas cette condition (accord des sons), elle est l'Ancienne Alliance est doit être remplacée ou recomposée n'ayant pas été juste.

Si les nombres d'une date prétendue celle de la sortie d'Égypte ramenés dans un texte qu'on pense révéler l'année de cet événement, ne correspondent pas aux Paroles de ces valeurs ou versets traitant ce sujet dans d'autres écrits de la Bible, on conclurait que la chronologie n'est pas exacte.

CONCLUSION

Le récit de la création s'affirme être les dix opérations arithmétiques desquelles nous ressortons la matrice de 155 nombres dits : la Parole de Dieu dans sa version originale et spirituelle, qui est Jésus- Christ sur laquelle Genèse 1 et 2 ont été rédigés. D'où l'idée du caractères double de la Parole de Dieu : l'une, qui est cachée écrite en nombres et l'autres, rendue publique composée en caractères alphabétiques des langues des hommes, sont complémentaires. La lecture littérale de du récit de la création de Genèse 1 et 2 s'heurte à une belle opposition venant de l'affirmation de l'auteur du onzième chapitre de l'épitre aux Hébreux en son troisième verset, soutenant l'existence de l'univers par des choses non matérielles. En réalité il y a aucune contradiction entre le récit de la création et Hébreux 11 : 3 car les écrits du Nouveau Testament ont depuis résolu de façon inaperçue cette question ; elle apparait plutôt que quand on laisse de côté certaines Paroles de l'Écriture qui l'éclairent. C'est sans tergiverser que l'auteur de l'épitre aux Hébreux animé par le même Esprit qui a inspiré le compositeur de deux chapitres précités, nous incite de les comprendre dans leur sens figuré. Le commencement est un jargon employé pour nommer le créateur qui se révèle être la Parole qui est plurielle en un seul Être infini qui est la Parole qui se manifeste dans ses œuvres et prend des formes matérielles la seconde fois qu'elle s'adresse aux humains suivant les termes de leurs langues. Dieu qui parle et qui agit est en même temps la Parole et les éléments de la nature qui la représentent. Nous avons trouvé que si l'on peut dire ce que sont les eaux du commencement desquelles l'univers provient, on découvrirait la clé de l'énigme de Genèse 1 et 2 ; du coup s'effacerait l'apparente contradiction de l'affirmation de ces écrits avec celles auxquelles on ne fait pas attention, ajouter à cela l'introduction de l'évangile selon Jean. C'est sur cette forme de la Parole de Dieu complémentaire aux écris bibliques que nous avons fondé notre développement de deux premiers chapitres de la Bible qui n'énerve aucune Parole de l'Écriture. Si l'univers vient des eaux, elles sont par conséquent qu'une figure et que Genèse 1 est un discours sur l'organisation de la Parole de Dieu dans son état originel écrite uniquement en caractères numériques. La forme chiffrée de la Parole de Dieu dont nous parlons est tirée à l'aide des nombres 1 et 16 correspondant aux deux classes des atomes d'hydrogène et d'oxygène sur le tableau périodique des éléments chimiques qui forment la molécule d'eau. Jésus- Christ est cette Parole de Dieu qui s'affirme comme la clé des énigmes de la Bible.

Bibliographie

La sainte Bible, Louis Segond

chronologie biblique. (s.d.). Récupéré sur www.ctrussell.fr/vol2.

le fleuve Euphrate. (2022, Juin). Récupéré sur www.cosmosvisions.com.

Le grand dictionnaire de la Bible. (2010). Charols: Excelsior.

Michaeli, F. (1957). *Le livre de la Genèse chapitre 1à 11* . éd. Delachaux et Niestlé,.

mundi, i. (2022, Août 08). *Euphrate*. Récupéré sur cosmovisions: https:// www.cosmosvisions.com

openedition, j. (2023, Mars). *superficie d'Israel* . Récupéré sur wikipedia: www.fr.wikipedia.org

Oriol, T., & Gilbert, M. (1968). *La connaissance.* paris: Didier.

plan de partage de la Palestine. (2022). Récupéré sur http:\\fr.vikidia.org.

TECHNO-SCIENCE. (2020, Septembre 12). *glossaire-definition/superficie*. Récupéré sur techno-science.net: http;//www.techno-sciences.net

Printed by Books on Demand GmbH, Norderstedt / Germany